La problématique de l'émergence des économies africaines

Collection « Études africaines »

dirigée par Denis Pryen et son équipe

Forte de plus de mille titres publiés à ce jour, la collection « Études africaines » fait peau neuve. Elle présentera toujours les essais généraux qui ont fait son succès, mais se déclinera désormais également par séries thématiques : droit, économie, politique, sociologie, etc.

Dernières parutions

Abdoulaye TAMBOURA, *Le conflit touareg et ses enjeux géopolitiques au Mali, Géopolitique d'une rébellion armée*, 2016.

Didier N'KUPA Ntikala E-Benya, *Le Congo-Kinshasa, une République démocratique ?*, 2016.

Éric NGANGO YOUMBI, *La justice constitutionnelle au Bénin, Logiques politique et sociale*, 2016.

LENDJA NGNEMZUE Ange Bergson, *Les Babitchoua. Parenté, chefferie et résistance aux Allemands dans le sud-est bamiléké*, 2016.

BELEBENIE Pierre, *Les transformations de la fiscalité locale au Cameroun*, 2016.

MAKENGO NKUTU Alphonse, *La théorie générale du droit constitutionnel et les institutions politiques, sous la Première, Deuxième et Troisième République de la République démocratique du Congo*, 2016.

EBALÉ Raymond, *Les Accords de Partenariat Economique entre l'Union Européenne et les pays ACP (Afrique, Caraïbes, Pacifique)*, 2016.

MINKALA NTADI Pierre, *La tutelle politique dans la production de l'information de presse en Afrique francophone, Le cas du Congo-Brazzaville*, 2016.

ASSOUMAN Kouadio Amos, *Le rôle des préfets et sous-préfets de Côte d'Ivoire, Gestion et prévention efficaces des conflits communautaires dans un contexte de sortie de crise*, 2016.

BARRY Mamadou, YAYA Hachimi Sanni, DOUMBOUYA Mohamed Lamine, *Les trop dits et les non-dits de l'aide au développement en Afrique. Nouvelles perspectives sur la dispersion et l'absence de coordination des bailleurs*, 2016.

MABANZA N'SEMY Aubin, *Les marques en Afrique francophone. Approches comparatives et critique de la protection à l'OAPI et en R.D Congo*, 2016.

Blaise SARY NGOY

La problématique de l'émergence des économies africaines

L'Harmattan

5-7, rue de l'École-Polytechnique ; 75005 Paris

www.harmattan.com
diffusion.harmattan@wanadoo.fr

ISBN : 978-2-343-09525-7
EAN : 9782343095257

AVANT-PROPOS

Les questions spéciales de l'économie internationale sont abordées habituellement sous l'angle de macroéconomie internationale. Dans ce sens, l'analyse des différents aspects du sujet se rapporte aux échanges et aux négociations commerciaux, à l'évolution des marchés, y compris les marchés des produits de base, au développement économique, à l'intégration régionale, à la globalisation, au financement international, à l'ajustement des grands équilibres structurels, aux déséquilibres conjoncturels (crise, récession, reprise, chômage, inflation, taux de change, taux d'intérêt), à l'homogénéité et l'hétérogénéité des économies, aux firmes multinationales et à leurs relations avec les Etats, à l'architecture du système monétaire internationale, à l'analyse des balances des paiements (mobilité des capitaux), au problème de l'alimentation.[1] A ces aspects s'ajoutent ce dernier temps les préoccupations relatives à la protection de l'environnement, avec un accent sur le réchauffement climatique.

Le lecteur qui s'attend à cette approche va découvrir une autre manière dont est abordé le sujet dans cet ouvrage. Plusieurs analyses consacrées à l'aspect classique de l'économie internationale sont quotidiennement publiées par les Banques, les organisations internationales, régionales aussi, et autres cabinets d'experts. Les rapports abondent et peuvent être consultés. Notre propos concerne

---

[1] Yves Crozet, Lahsen Abdelmalki, Daniel Dufourt, René Sandretto, *Les grandes questions de l'économie internationale*, ed. Armand Collin, 2006

à ce stade le débat sur l'émergence économique du continent, d'autant plus que les pays concernés s'activent et ne jurent que sur leur réussite ce dernier temps. En effet, à l'heure où les pays industrialisés (Sud-Ets-Asiatique, Europe de l'Ouest, Amérique du Nord) passent irréversiblement de l'international à la globalisation une question se pose dans les cercles politiques et académiques sur la place des économies africaines. Celles-ci, passent-elles de dualisme à la maturité ? Sont-elles en stagnation ? Ne sont-elles, si pas toutes, mais du moins certaines, en régression par rapport aux années qui ont précédé les indépendances ? Sont-elles marginalisées ? Sont-elles extraverties ? Le débat est connu et il rappelle la pensée de R. Dumont[2] au début des années 60 et de celle de CIRI Jacques.[3] A l'époque, Dumont soutenait que le continent était mal parti. Tandis que GIRI, affirmait en 1986 que l'Afrique était toujours en panne. Aujourd'hui, sous la forme des slogans, les politiciens programment les dates de leurs émergences. A les entendre, peut-on dire que l'Afrique est bien repartie après autant d'années d'errance ?

Ce n'est pas pour longtemps disent certains, car la maturité est déjà au rendez-vous ; c'est déjà, répondent les autres. Cette programmation rappelle les cris des années 80 durant lesquelles la course à la réussite était déterminée au sein des organisations. Mais, comme on le sait, la décennie s'est achevée sur une fausse note. L'Afrique a sombré, en panne de croissance et de développement. Une

---

[2] L'Afrique noire est mal partie, telle était la thèse de Dumont

[3] Giri, Jacque ; L'Afrique en panne : vingt-cinq ans de développement, 1986.

longue période de régression a caractérisé les échecs des formules imaginées par les théoriciens du développement. Ni la substitution aux importations, ni le développement équilibré, ni la réforme structurelle, encore moins l'industrie industrialisant, aucune théorie testée en Afrique n'a pas porté les fruits. On a vite pensé que la bonne gouvernance devrait être la nouvelle approche permettant de corriger les erreurs et d'entrainer la croissance et la réduction de la pauvreté.

La programmation des DSCRP a été mise en route. Mais, après la mise en œuvre de cet ajustement structurel, les remèdes n'ont pas été constatés. Pauvreté et sous-développement se conjuguent toujours dans tous les pays africains. Plusieurs rapports sur le sujet en témoignent. Il y a eu d'autres programmations encore, notamment « L'Objectif du millénaire pour le développement ». Ce slogan vient aussi de prendre fin. Les bilans contradictoires sont connus.[4] Chacun des pays concernés tente d'évaluer ses exploits. Mais, comme il n'y a jamais eu un sans deux, une nouvelle programmation des objectifs pour les 15 prochaines années a déjà vu jour. Les pays africains sont en course. Aucun d'eux ne se permet d'être absent sur la route de l'émergence. C'est comme si le concept « développement » semble appartenir au passé ; c'est un gros mot qui aurait semé des doutes depuis et revêt plusieurs définitions. Que des confusions entre croissance et développement. Les Africains n'en veulent plus ! Ainsi, ils viennent de découvrir les vertus d'un autre concept, celui de « L'émergence ».

---

[4] http://www.uneca.org/fr/publications, 2015

Né en Europe, ce concept fait du succès dans la nouvelle littérature économique. Il a des adeptes dans nombreux cercles et sonnerait mieux à l'oreille de l'Afrique. Il est donc décrété depuis que le continent s'est mis en ligne, comparativement aux BRICS. Les experts semblent avoir enfin trouvé les causes et les remèdes de leur retard. Dès lors, ils partagent l'avis selon lequel le réveil économique de l'Afrique n'est pas trompeur ; la croissance est certaine ; en moyenne elle avoisine 6% par an depuis plus d'une décennie. Elle s'accompagne par ailleurs de la résilience contre les chocs externes. Donc, la croissance est de moins en moins vulnérable aux risques divers : pas de récession, inflation zéro, pas de chute des marchés, une forte demande, déficits budgétaires nuls. La démonstration de cette résilience a inspiré l'équipe du cabinet Matata Ponyo, Premier ministre de la République Démocratique du Congo, dont le premier numéro de la revue « Politiques économiques » publiée au cours de l'Année 2015 démontre que la politique économique du gouvernement porte des fruits : faible inflation, forte croissance du PIB, stabilisation de la monnaie, déficit budgétaire zéro, en dépit de la contraction des économies locomotives de la Chine et des Etats-Unis.

Donc, les Africains ont décidé finalement d'emprunter les recettes magiques de croissance et de développement aux BRICS.[5] Les modèles des politiques occidentales semblent appartenir au passé dans leurs imaginations collectives. Les nouveaux pays industrialisés et ceux en voie

---

[5] Jean-Michel Severino et Olivier Ray, *Le Temps de l'Afrique,* Paris, Odile Jacob, 2010.

d'émergence inspirent confiance et deviennent des « bons » partenaires !

Les pessimistes (Rick Rowden, Yves Ekoué et bien d'autres auteurs) par contre restent très réservés et ne partagent pas à tout prix cette conclusion d'optimisme relative au réveil du continent. Certains auteurs relativisent les observations. En économie, faut-il le dire, les fausses estimations peuvent s'avérer monstrueuses. Les résultats qui en découlent entrainent parfois à des erreurs ayant un impact sur la suite des décisions à court ou à long terme. Plus on recourt à la falsification des données, plus on récolte des conséquences y afférentes.

C'est principalement cette préoccupation caractérisant le débat contradictoire entre les auteurs qui retient notre attention. La croissance positive constatée plusieurs années ne doit pas être prise comme le seul facteur de l'émergence. Certaines variables nous semblent occultées par les auteurs d'une manière inconsciente. Se limiter à un constat béat de la croissance comme indicateur de l'émergence c'est ignorer que la croissance elle-même, pour être compréhensible, doit être décomposée de manière à dégager ses caractéristiques. Il y a trois formes de croissance : extensive, intensive et externe. On n'a jamais cessé de dire qu'elle peut être évaluée par l'approche de l'offre ou de la demande. Mais l'offre et la demande doivent aussi d'être décomposées de manière à dégager les effets dans le schéma d'ensemble ; car les deux peuvent ne pas avoir un impact significatif durable sur l'ensemble de l'évolution socioéconomique du pays. On peut avoir une demande qui ne tire pas l'offre vers le haut. On peut aussi avoir une offre extravertie. Par ailleurs, une bonne appréciation de la croissance doit tenir compte de sa valeur. Ainsi on peut parler de la croissance à long terme et de la croissance cyclique. La première est celle qui a des liens avec l'évolution démographique, technique, sectorielle, culturelle ; et la seconde résulte des restructurations des capacités. Parfois, l'exaltation des Africains ne permet pas d'analyser avec détails ces aspects. C'est pourquoi il semble important de s'arrêter particulièrement sur d'autres facteurs, les scruter davantage dans la mesure où on convient qu'il existe des variables multiples qui mesurent les progrès économiques des pays, tout en ne minimisant pas le fameux indice (PIB) fétiche qui ne cesse de soulever le débat dans beaucoup de cas.

En outre, de quelles économies africaines s'agit-il ? Avant toute chose, remarquons que l'économie africaine est plurielle. Il n'existe pas une économie mais des économies africaines. Celles-ci présentent les caractéristiques aussi bien homogènes qu'hétérogènes. L'Afrique du Nord, (Egypte, Libye, Tunisie, Maroc) a une très nette avance économique. Bien que marquée par des conflits de succession des régimes ce dernier temps, la sous-région dispose tout de même des infrastructures issues de la manne pétrolière et qui peuvent justifier les signaux de décollage. Certes, les récessions, le chômage et la pauvreté ne manquent pas dans tous ces pays. Le vieillissement des quelques unités de production y est aussi très marqué. Mais, elle est en avance par rapport au reste du continent. L'Afrique subsaharienne, par contre, cœur pauvre du continent, est le ventre mou aussi. Aucun des Etats de la sous-région ne donne des signes d'un début de diversification industrielle. La gestion autocratique des institutions y demeure profondément ancrée dans les habitudes. Les statistiques de développement la classent derrière les autres sous-régions du continent. L'Ouest a deux ou trois locomotives : le Nigéria, la Côte d'Ivoire et le Ghana qui tirent timidement les autres vers le haut, même si les bases de ce lleadership économique sont essentiellement fondées sur l'exploitation des matières premières. Les petits Etats géographiquement limités par l'étroitesse des marchés et les maigres ressources naturelles tentent la diversification des leurs d'activités, mais à petite échelle. Les producteurs des minerais (le syndrome hollandais) ou des produits agricoles de rente ont un niveau de développement très bas, dominé par la mono production. L'Afrique du Sud est le seul membre des BRICS.

En dépit de ce tableau contrasté, les discours politiques homogènes chez tous les dirigeants projettent les prévisions de l'émergence décrétée de toutes les économies sur la base des indices certifiés par les institutions occidentales d'évaluation. Chaque discours politique projette une date optimiste et exalte la croissance du revenu intérieur brut observée sur une bonne période. Ce taux de croissance comparée devient dès lors l'emblème de l'émergence d'un chacun. Nous sommes dans la logique de l'alignement des dates, c'est-à-dire, d'un schéma unique de réussite dont le modèle serait celui imaginé par Rostow au début des années 60 (Tak off), à l'instar des pays nouvellement industrialisés.

Une question s'impose à ce sujet. L'Afrique serait-elle bien repartie après avoir maitrisé les leçons de R. Dumont ? Outre la croissance du PIB qu'elle exalte, on peut pourtant considérer que l'émergence des marchés financiers, la stabilité macroéconomique (des grands agrégats), les niveaux de vie élevée, le développement des infrastructures, les investissements croisés, le commerce intrabranche et interbranche, etc., sont autant des indices qui ne sont pas pris en compte, d'autant plus que les sources de cette croissance sont connues : mines, télécommunication. En limitant l'analyse au seul indice de PIB les experts ne manquent pas d'éloge concernant les exploits réalisés par un bon nombre de pays, notamment : le Mozambique, le Rwanda, l'Ile Maurice, la Guinée Bissau, le Nigéria, les Seychelles, le Ghana, le Kenya, qui sont cités comme des modèles. C'est le cercle des « lions africains », qui réaliseraient des bonds en avant à l'instar des « titres et des dragons » asiatiques. Les Experts internationaux conseillent aux autres Etats de copier ces exemples des dirigeants entrepreneurs.

Notre propos s'écarte de cette approche exaltante et à sens unique et interroge le concept d'émergence en posant la principale question de savoir dans quel sens il véhicule espoir dans le chef des responsables qui y recourent en vue d'apaiser sans doute les soifs de ceux qui attendent d'eux les miracles. En effet, comparativement aux pays asiatiques et sud-américains, le continent africain se classe loin, très loin dans le peloton du développement. Les données statistiques récentes indiquent que les efforts constatés ne permettent pas de croire aux miracles rapides, sauf pour quelques pays dont la bonne gouvernance concilie çà et là ouverture et développement des marchés intérieurs. Ce qui veut dire qu'en dépit des indices qui se lisent à travers la trajectoire, celle-ci (émergence) n'a pas une voie unique. De ce fait, plusieurs de ces économies demeurent vulnérables à un moindre choc exogène, en dépit de la résilience constatée dans quelques cas et qui est aujourd'hui présentée comme preuve de gestion prudentielle des politiques économiques.[6] Tel est l'objet de notre premier volet d'analyse.

Le deuxième volet concerne l'examen de l'impact de la crise de la zone euro (dette souveraine) sur les économies africaines. Nous examinons cet aspect du problème en vue de vérifier si ces économies peuvent réellement résister aux chocs externes. En effet, durant la crise des subprimes, les effets de transmissions ont propagé leurs impacts macroéconomiques à tout point de vue. Plusieurs monnaies africaines ont enregistré une forte dépréciation qui a mis à nue la rigueur des politiques conjoncturelles appliquées. Il s'en est suivi la chute de la croissance, la perte de l'emploi dans plusieurs branches et l'impossibilité de stabiliser les prix. La crise de la dette souveraine dans la zone euro pouvait, si elle devenait systémique, avoir un même choc. Certains auteurs estiment que la diversification des flux d'investissements et la réduction de la dépendance de ces économies vis-à-vis de l'Europe occidentale joueraient le rôle modérateur, d'autant plus que les rapports économiques avec les BRICS se développent et sont suscep-

[6] Jean-Michel Lavoizard, Les défis de l'émergence africaine de A à Z, in *Afrique*, Juillet.

tibles de permettre la résilience contre ce choc. Nous ne sommes pas de cet avis. Nous illustrons notre propos dans l'analyse consacrée à l'impact de cette crise sur les économies africaines.

Le dernier volet de notre livre est consacré à l'examen des relations particulières entre l'Afrique et la Chine (2è puissance économique mondiale). Notre but est de démontrer que la Chine n'invente pas un nouveau capitalisme à visage humain. Sa croissance n'exerce pas réellement les effets d'entrainement sur l'essor du continent. Ses relations sont justifiées par ses besoins d'accès aux diverses ressources naturelles dont elle a besoin. Ses investissements sélectifs sont étroitement liés à son économie. Le déficit commercial avec l'Afrique est dû à l'importance des matières premières importées. Et ses exportations vers l'Afrique tuent l'industrie nationale naissante.

La Chine ne crée pas des opportunités nouvelles qui mènent à la diversification des activités industrielles en Afrique. Elle n'a pas colonisé l'Afrique, certes, mais sa présence sur le continent ne modifie en rien le sens des relations de dépendance. Certains auteurs crient même au scandale et associent ce partenariat à un néocolonialisme moderne. C'est un nouvel acteur sur le terrain des relations économiques qui lie son aide à son commerce et à ses investissements. Son commerce n'améliore nullement pas les termes de l'échange avec l'Afrique. Ils demeurent détériorés comme jadis. La chine est présente là où elle puise les produits pétroliers et miniers. Elle exploite le bois sans aucun respect de protection de l'environnement. Bref, elle ne résout pas la problématique de marginalisation du continent ; elle l'accentue.

Prof. Blaise Sary Ngoy

CHAPITRE 1

LES ECONOMIES AFRICAINES
DE DUALISME A L'EMERGENCE ?

Introduction

En 1962, René Dumont avait peut-être tort de s'indigner de mauvais départ de l'Afrique noire, notamment en matière des politiques agricoles ! Toutefois, son ouvrage cité mille et une fois par les lecteurs qui suivent l'évolution des prévisions fait encore recette à ce jour. Par la suite, Axelle Kabou emboitant ses pas, se posait aussi la question de savoir : « Et si l'Afrique refusait le développement ? »[7] Elle, africaine de surcroit, avait-elle tort de s'indigner 30 ans après Dumont ? Certes, en 1962, il s'agissait à l'époque d'un regard pessimiste jeté sur le continent par un Agronome français ; mais ce même regard d'une intellectuelle camerounaise, jeté sur l'économie africaine pouvait-il être relativisé ?

On pouvait admettre à l'époque que cette critique était prématurée pour les jeunes pays qui, à peine indépendants, manquaient des dirigeants, des moyens et de la technologie nécessaire. Mais Axelle a repris la critique 30 années après Dumont. Ainsi, elle estime que l'Africain hanté par l'idéologie parasitaire continue à percevoir tradition et modernité comme des valeurs conflictuelles. Nous pouvons nous associer à sa pensée pour affirmer que l'Africain, vivant son complexe, il n'invente pas, il imite, mais imite mal et n'arrive pas à se débarrasser des esprits

[7] Axelle Kabou, l'Harmattan 1991,208 p.

maléfiques qui le hantent et qu'il évoque à tout bout de champ.

Aujourd'hui, les gouvernants africains semblent répondre d'une manière ou d'une autre à Dumont et à Axelle, qu'ils sont bien repartis. Mais sont-ils réellement bien repartis ? Les traditions se sont-elles éclipsées ? La peur de risque, le goût des exhibitions publicitaires et des dépenses ostentatoires appartiennent-ils au passé ? Pas tout à fait. A notre avis, les fantômes, les tabous et les totems accompagnent encore l'Africain. Les Marabouts sont dans les coins, en train de deviner l'avenir des leaders qui les consultent ; ils prédisent et leur portent bonheur, à ceux qui en réclament. Certains s'y accrochent et pensent que toute réussite est une manne que les fétiches protègent. L'effort et l'appropriation individuelle sont exclus du comportement économique et social. Celui qui réussit disposerait, selon la croyance, d'une force invisible. Les porte-bonheur sont accrochés dans les bureaux, sous les vestes, aux hanches. Ils chassent les mauvais sorts jetés la nuit par les sorciers. Voilà le petit portrait fabriqué dans le subconscient de l'Africain, qu'il soit dirigeant d'entreprise, de partis politiques ou des institutions publiques. Ceux qui disposent d'un pouvoir, le retiennent et le renforcent après un long règne. Ils refusent de le remettre aux souverains primaires. Ils sont des « dieux vivants », les visionnaires, les hédonistes, les détenteurs des secrets du prince. Ils sont des fondateurs, des autorités morales des partis politiques fabriqués dans tous les coins des rues. Ils connaissent plus que les autres et se disent capables de bien conduire l'émergence. Le slogan devient flatteur. Il accapare les consciences et les submerge.

Oublions cette image et allons plus loin. Aujourd'hui, des dirigeants politiques se frottent les mains et disent adieu aux prédications d'Axelle et de R. Dumont. Tout en s'accrochant aux amulettes, ils pensent avoir trouvé, néanmoins, les miracles qui manquaient. Les preuves chiffrées recherchées dans les tas des statistiques saluent l'émergence économique, en se servant des expériences asiatiques. Mais, ne s'agit-il pas d'un slogan politique qui dédouane ceux qui y recourent et inspire à la fois crainte et espoir dans le chef de ceux qui l'utilisent et de ceux qui le reçoivent à la figure à tout bout de champ ? Sous d'autres cieux, il est même interdit de contredire ce discours tribunitien que véhicule la conviction des ceux qui ont autorité de le prononcer publiquement à travers les programmes ou les plans de croissance projetés dans le temps : dix ans, vingt ans. Des buildings qui naissent dans certains coins des capitales, le montage des marchés boursiers (bourse de Nairobi, de Lagos, de Johannesburg, d'Accra, etc.), les projections de croissance positive du PIB confirmées par les statistiques officielles des banques centrales et des experts internationaux ; voilà des signes annonciateurs qui fondent l'espoir selon lequel les pays africains en retard de développement, y compris les moins avancés, vont comme Rostow l'avait prédit, réaliser les miracles de décollage, à l'image de ceux qui se situent au stade de l'émergence : Brésil, Chine, Argentine, Russie, Inde, Mexique, Turquie, Philippines, etc. Ils décollent et les autres sont au stade de maturité, dit-on ; et certains atteindront le niveau de consommation de masse (classe moyenne croissante) et ne reviendront plus en arrière.

Les firmes transnationales asiatiques et occidentales vers lesquelles s'adresse le discours imaginé par les instituts de sondage sont sur le qui-vive. Elles se pressent de cueillir les fruits de l'émergence africaine, l'accompagnent même et tirent profit de l'apaisement du climat des affaires conseillé par les Institutions le FMI, l'OMC, la BM et l'OCDE. Les Experts occidentaux auxquels s'associent les cabinets ministériels africains rappellent les troupes et les apprêtent : « L'Afrique va devenir un quatrième pôle de croissance » qui s'invite auprès de la triade (Asie du Sud Est, Europe occidentale et Amérique du Nord). Les techniciens du développement confectionnent des discours politiques qui résonnent mieux et se font désirer par ceux qu'ils désirent eux aussi. Voilà toute la musique. Les chefs d'orchestre et les musiciens de l'émergence sont sur la scène, en transe. Ils dansent, bougent les hanches à la gloire des visionnaires du temps nouveau. Quel est le vrai profil de l'économie africaine ? Est-elle bien repartie sur des pieds solides ?

Section 1. L'Afrique n'est pas encore bien partie

Si nous admettons qu'elle était mal partie dès le début de l'accession à l'indépendance, admettons aussi qu'elle fait encore du sur place à ce jour, en dépit de quelques signes positifs qui sont en zigzag. Quelles en sont les raisons.

1.1. Ses chemins de développement restent mal articulés

Si les hypothèses de croissance dite historique de ces économies sous-développées sont rassurantes, nous pouvons affirmer que ces décennies vont permettre alors aux économistes s'assister à un événement majeur, celui d'un saut qualitatif de la croissance marquant la fin de la pauvreté et du mal développement. Des théories relatives aux causes du sous-développement, notamment l'étroitesse des marchés intérieurs, l'extraversion, la sous-industrialisation, la croissance appauvrissant, les économies duales, la dépendance, la détérioration des termes de l'échange, le cercle vicieux, l'échange inégal, la prédation, la mauvaise gouvernance, le désajustement structurel, l'endettement, etc., vont laisser place à des explications nouvelles de ce bond réalisé par des « lions africains »[8] ? On assistera alors à la réussite de globalisation et de partage des effets bénéfiques de l'expansion libérale ; une nouvelle économie caractérisée sans doute par l'égalité des gains et le nivellement des revenus, la mobilité des facteurs et l'égalisation des gains serait en train de voir jour ! Un miracle ? Si oui, alors s'ajoutera au palmarès des théories économiques, celle de l'émergence. Miracle ? Peut-être !

Mais, est-ce vrai ? En un temps record, soit 50 ans après les indépendances, l'Afrique constituée d'un quart des pays pauvres de la planète peut-elle déjouer les pronostics pessimistes et réaliser un tel bond spectaculaire ? Parmi les pays les moins avancés de la planète, 25 sont africains.

---

[8] Références aux Tigres asiatiques

C'est possible qu'ils se développement spontanément, par sursaut, sans intelligence ni management. Nombreux pays asiatiques ont déjoué les pronostics pessimistes. Mais avec intelligence.

Cette croissance a-t-elle bravé les menaces récurrentes telles : l'étroitesse des marchés intérieurs, la sécheresse énergétique, la mono industrialisation, l'absence de logement, la famine, la pollution, l'inintelligence économique, la sécheresse infrastructurelle, l'extraversion, la dépendance, la détérioration des termes de l'échange, les monnaies inconvertibles, la corruption, le détournement des deniers, le clientélisme, le clanisme, la théocratie, le chômage, les faibles revenus et les inégalités ? Autant des contraintes que l'Asie, l'Amérique du Nord et le vieux continent européen tentent d'éliminer durant des années, pour affermir leur tissu économique d'aujourd'hui. S'il est vrai que l'Afrique est bien repartie, alors les responsables du FMI, de la BM et des autres institutions financières internationales et régionales peuvent dormir tranquillement et se frotter les mains pour avoir accompli les promesses de voir un jour « le laissez faire, laissez aller » déraciner les traditions anachroniques et programmer la victoire de l'ajustement structurel, de la bonne gouvernance, de la transparence, des DSCRP et de l'Initiative pays pauvres très endettés, etc. Ces décennies appartiendront à l'émergence de l'Afrique.

Nous pouvons saluer la croissance du PIB, l'émergence des marchés financiers, les stabilités macroéconomiques, les niveaux de vie élevés, le développement des infrastructures, les investissements croisés, le commerce intra-africain, la bonne gouvernance décrétés et non révélés. Déjà, les exemples évoqués ne manquent pas : le Mozambique, le Rwanda, l'Ile Maurice, la Guinée Bissau, le Nigéria, les Seychelles, le Ghana, le Kenya, l'Ethiopie, etc. sont cités par les analystes comme modèles ! Ces pays sont comptés parmi ceux qui diversifient leurs économies et enregistrent les taux soutenus de leurs indices de développement et de croissance. Leurs dirigeants sont présentés aussi comme de nouveaux leaders intègres, des visionnaires qui réussissent et emboitent le pas au Brésil, à la Chine, à l'Inde.

Selon le Rapport conjoint publié par la BAD, le PNUD et l'OCDE : « l'Afrique a su résister face à la crise économique mondiale. Sa croissance diversifiée est tirée par la demande intérieure, par le développement des infrastructures et des échanges de produits manufacturés de plus en plus soutenus à travers le continent ».[9] Mais, de quelle crise s'agit-il ? Celle des années 2008-2010 ? Comment se calcule la résilience ? Les monnaies africaines, les taux de croissance, le niveau de l'industrie minière n'ont pas été affectés au cours de cette période ? Peut-être, évoque-t-on la vitesse de la reprise et la stabilité macroéconomique observée à dater de 2010 ? Si c'est ça, alors, il serait utile de lire attentivement les facteurs de cette stabilité qui, du reste, demeure vulnérable aux chocs externes. En effet, comment les organismes si importants que ceux-ci peuvent pousser ce cri de satisfaction, sans chercher à relativiser les choses. Et lorsqu'on analyse la profondeur des rap-

[9] L'Afrique, un nouvel eldorado pour les entrepreneurs ? Entreprendre demain - revue de prospective 07/07/2014,

ports, on se rend parfois compte qu'il s'agit des conclusions tirées par certains experts qui n'ont vraiment pas connaissance exacte des réalités de terrain et qui se contentent des missions effectuées dans les chefs lieu des capitales, plus précisément dans les quelques quartiers huppés où s'observent un train de vie de luxe, mais qui cache cependant dans l'ensemble l'horreur, la pauvreté, l'exclusion, les inégalités, la misère, les routes cassées, les taudis, les maladies, l'analphabétisme, le petit commerce informel, la mendicité, la nudité, etc., bref, tout ! Et où est l'émergence économique et sociale ?

Notre propos a pour but de nous interroger sur ce slogan « merveilleux » d'émergence économique et de voir réellement dans quelle mesure il véhicule l'espoir dans le chef des responsables qui y recourent pour apaiser les soifs de ceux qui attendent d'eux les solutions à la carte. Avant tout, examinons la revue de la littérature.

1.2. La revue de la littérature

Le débat relatif à l'émergence n'est pas neuf sur le continent. La littérature y est abondante et émane des organisations, des universités, des dirigeants politiques eux-mêmes et des Think Tank. Difficile de faire un toilettage exhaustif à ce jour. Citons un livre intéressant sur le sujet : « L'Afrique et les grands émergents » concernant les relations entre le continent et les pays émergents.[10] Notons néanmoins que tous ne sont pas unanimes sur la manière d'aborder la question. Certains soutiennent la thèse d'une émergence d'ici là, tandis qu'autres tempèrent les propos

[10] L'Afrique et les grands émergents, in afd.fr,avril 2013

et relativisent l'optimisme. Les cabinets internationaux et les institutions de financement rivalisent dans la publication des chiffres. Les forums ne cessent de foisonner partout, consacrés au même thème. Et ceux qui les organisent s'en émerveillent. Les observateurs réservés tentent cependant de relativiser les ardeurs de ceux qui pensent à ce schéma unique de croissance des pays émergents. Nous allons vérifier ce questionnement en nous servant de plusieurs variables, y compris celles explorées par ces auteurs.

1.2.1. Philippe Hugon et l'émergence par l'ajustement structurel

Hugon pense qu'un pays émerge lorsqu'il remplit les critères suivants : le taux de croissance économique, la taille de la population proportionnelle, la diversification de la production, l'importance des exportations et des importations (taux d'ouverture), l'intégration au monde financier international, le rôle stratégique (gestion saine) de l'État pour le développement, les investissements dans la Recherche et le Développement, la capacité de protéger le territoire.[11] Ce qui sous-entend la maîtrise des quatre agrégats macroéconomiques ainsi que la bonne gestion des institutions publiques. Sa réflexion n'est pas neuve, elle fait suite au débat de ces dernières années entre les économistes et éditorialistes. Nous pouvons retenir que les conditions de l'émergence chez Hugon sont de nature économique, démographique, organisationnelle. Du point de vue économique, le pays émerge lorsqu'il réalise des pro-

[11] Marcel Mbaloula, La problématique de l'émergence économique des pays en voie de développement, in *Revue congolaise de gestion*, 2011/2 n°14

grès industriels, il améliore et diversifie son tissu de production, exploite les avantages dans l'échange avec le reste du monde et participe aux mouvements des capitaux. Ce qui suppose la maitrise de la stabilité de sa monnaie et les équilibres de la balance des paiements. Du point de vue institutionnel, le pays émerge lorsqu'il adopte les politiques de gestion saine des dépenses publiques et qu'il acquière les capacités de protéger son territoire contre les risques de déstabilisation. , comment diversifier son industrie ? Comment s'intégrer à la finance internationale ? Comment assurer les exportations à grande échelle ? Comment investir dans la recherche et développement ? Comment maintenir l'équilibre entre démographie et croissance de la richesse nationale ? Les réponses à ces questions permettraient sans doute d'imaginer les voies de l'émergence. Or, Hugon se limite à énumérer les leçons macroéconomiques déjà entendues dans nombreux cercles des experts, ce depuis des décennies.

1.2.2.L. Moubarack et l'approche de Mix Policy

La modélisation mathématique basée sur un indice synthétique a été élaborée par Moubarak LO de l'Université Gaston Berger de Saint Louis, au Sénégal. L'auteur propose la théorie de l'émergence et l'applique à l'étude des niveaux atteints par 46 pays d'Asie, de l'Amérique Latine et de l'Afrique. Il prend en compte les variables relatives à la dynamique économique, à l'investissement, à l'inégalité des revenus (coefficient de Gini), à l'alimentation, au développement durable, aux exportations, à la stabilité macroéconomique.[12] Il y ajoute la dimension sociale et la dynamique de changement culturel. En classant les 46 pays en fonction de leurs performances obtenues, il conclut que le stade de l'émergence atteint par chacun des pays diffère. Ceci signifie que les voies suivies par chaque pays sont les mêmes, mais le niveau déjà atteint situe certains en bas de l'échelle. Les stades de l'émergence que suggère son étude font penser à la logique du schéma proposé par Rostow au début des années 60. A cet effet, l'émergence n'est rien d'autre que l'aboutissement d'un long chemin allant de l'économie primitive jusqu'à l'âge de consommation des masses. Ainsi, les Etats étudiés seraient tous sur la ligne de départ, mais la course vers l'arrivée est marquée par les écarts qui sont liés à la gestion de chacun des Etats sous examen. Les résultats sont divers et la convergence n'est pas au rendez-vous sur une ligne d'arrivée tracée pour tous les coureurs.

A regarder de près, Moubarack ne s'éloigne pas totalement de l'analyse de Hugon. Il emprunte le raisonnement aux théories néolibérales de l'ajustement structurel et à celles des néokeynésiens Il prône tantôt le moins d'Etat, tantôt le plus d'Etat.

Dans sa dimension économique de l'émergence, les facteurs ressemblent comme des gouttes aux exigences imposées par les experts des institutions de Bretton Woods. En reprenant sa pensée, l'émergence se révèle

---

[12] L'émergence économique des nations : définitions et mesure, in www.African Development bank.org ; http://www.cafrad.org/Workshops/Tanger24-26_09_12/3_Moubarack Lo, Emergence économique des pays

lorsque les facteurs suivants sont significatifs : « une croissance du PIB en hausse tendancielle ; la libéralisation des activités économiques et des prix, couplée avec la mise en place d'un cadre réglementaire efficace de manière à supprimer les positions de rente et à consacrer la compétition ; l'ouverture de l'économie sur l'extérieur (outward-looking policy), par la libéralisation des échanges et la construction de grands marchés intégrés avec les pays voisins, et l'encouragement des investissements par la levée des barrières entravant leur venue »

Il s'agit ici de l'aspect néokeynésien de l'analyse. Tandis que le néolibéralisme se dégage lorsqu'il suggère « la limitation de l'intervention de l'Etat dans l'économie au strict nécessaire ; l'existence d'un secteur privé local dynamique, compétitif, créatif, intègre et visionnaire ; la capacité à générer une forte épargne locale et la disponibilité d'un bon système bancaire et financier local, régulé par des instances de supervision efficaces et capable de faire une allocation optimale des ressources. Le corollaire en est la transparence et la fiabilité des informations économiques, permettant l'évaluation correcte des performances et des potentialités des entreprises ; la mise en place d'un système d'incitations de qualité (fiscalité, terrains et bâtiments industriels, politique agricole, etc.) »[13] Moubarack est à la fois néolibéral et néokeynésien. S'agit-il de l'application de Mix policy et des ajustements structurels qui conduisent à l'émergence ? Si oui, ces politiques sont les mêmes que celles suivies par les Etats industrialisés.

---

[13] L. Moubarck, *le Sénégal émergent, Agenda pour le futur»,* Ed. Wal Fadjri, mars 2003

Elles supposent la relance de l'économie en cas de crise, mais, aussi la stabilisation en cas des risques.

Comme on peut constater, ce modèle d'analyse s'écarte du sujet. L'émergence est confondue ici avec les préoccupations quotidiennes de n'importe quel pays, industrialisé ou non, qui tentent de gérer les politiques macroéconomiques, couplées avec les préoccupations microéconomiques. La seule contribution que nous devons à Moubarack est d'avoir proposé un modèle économétrique de synthèse qui tente de classer les pays en fonction de leur degré de développement atteint. Ce modèle ne fait cependant pas le bonheur de tous. Certains auteurs ne partagent pas cette constitution de l'indice et proposent une autre manière de voir les choses.

En effet, ces variables sont conçues à partir des résultats constatés et non des conditions permissives de l'émergence. La comparaison des niveaux de PIB, de l'inflation, des déficits budgétaires, de taux d'ouverture, de l'équilibre de la balance des paiements, de degré de l'industrialisation, ne peut que donner les résultats auxquels le modèle imaginé par Moubarack a conduit. C'est ça la magie de modélisation économétrique dont le postulat est de partir des hypothèses qui écartent certains paramètres et qui se fondent sur la mathématique pour justifier l'exactitude scientifique. Pire encore, le modèle devait examiner l'imperfection des informations sur le marché globalisé pour comprendre que tous les paramètres deviennent improbables pour le déclenchement de la dynamique économique et de la stabilité macroéconomique et de faire un inventaire de schéma des succès des politiques en question. Or, Moubarack suggère que chaque Etat est susceptible de disposer et contrôler l'information parfaite pour sauvegarder la dynamique acquise de son économie. Ceci suppose qu'une fois l'émergence réalisée, les crises ne sont plus possibles !

1.2.3. Samir Amin et l'émergence par introversion

Samir Amin, dans « Qu'est-ce que l'émergence », rejette le recours excessif au PIB et propose d'autres variables, notamment : la croissance soutenue, la diversification industrielle, la compétitivité, le système fiscal, la politique économique, le niveau de l'éducation.[14] Il va plus loin et rejette l'émergence appauvrissant qui serait en fait la résultante de l'extraversion. Puisant dans son courant de déconnexion, la thèse de centre/périphérie, il envisage l'émergence créatrice lorsqu'elle s'inscrit dans le contexte de l'appropriation de la croissance ; une croissance qui s'opère dans le contexte de l'interdépendance entre les politiques publiques autonomes, la liberté d'esprit et de culture et le bien-être social des bénéficiaires.

Mais son analyse reste muette quant aux conditions susceptibles de déclencher la croissance, la compétitivité et la diversification industrielle. Il suppose simplement que la déconnexion serait la voie qui conduit au décollage entendu dans son intégralité technique, culturelle, sociétale, économique et politique. Or, les expériences de déconnexion, même sélective ont échoué dans beaucoup de tentatives. Cette analyse se rapproche avec celle de Fran-

---

[14] Samir Amin, Qu'est-ce que l'émergence, in *www.collectif-communiste.org*, 2012.

çois Lafargue. Ce dernier retient six facteurs de l'émergence, à savoir : la part dans les échanges, le volume des capitaux étrangers dans le pays, la taille des entreprises nationales, la hausse du PIB et la diversification de la production et le niveau de la consommation nationale. Mais, il s'agit de nouveau d'un constat des résultats qui ne suggère pas les conditions requises pour atteindre cette perfection. Autrement dit, les deux auteurs ne disent un mot sur les politiques à mettre en route.

1.2.4. Rick Rowden et la valeur ajoutée manufacturière

La revue Salte Afrique, reprenant les analyses de Rick Roweden et de Ray Olivier, conclut que l'émergence africaine n'est finalement qu'un leurre. Au regard de développement industriel, notamment en ce qui concerne la valeur ajoutée manufacturière, les exportations, la diversification et le niveau de l'innovation technologique, le contient se situe loin, très loin de l'émergence. Ainsi, les projections publiées par les journaux Time et Economist sur l'émergence de l'Afrique semblent exagérées. Les deux auteurs constatent que malgré certaines améliorations dans quelques pays, la majorité des pays africains stagnent ou régressent en termes d'industrialisation. La part de la VAM (valeur ajoutée manufacturière) dans le PIB africain est tombée de 12,8%, en 2000, à 10,5% en 2008, tandis que dans l'Asie en plein développement, elle est passée de 22% à 35% sur la même période. Selon la même analyse, on assiste au déclin de l'importance des biens manufacturés dans les exportations africaines, dont la part dans les exportations totales est tombée de 43% en 2000 à 39% en

2008. Cette analyse garde sa pertinence jusqu'aujourd'hui. Il s'agit du déclin de la croissance industrielle.

En effet, les auteurs constatent que 23 pays africains ont connu une croissance négative de la VAM par habitant pendant la période 1990-2010, et seulement cinq pays ont réussi à connaître une croissance de la VAM par habitant supérieure à 4%. Ce pourcentage est essentiellement dû à l'industrie minière et à l'agriculture de rente. Car, en matière de commerce mondial des produits manufacturés, la part de la VAM mondiale de l'Asie en développement a augmenté de 13% à 25% sur la même période. La part africaine est passée de 1% en 2000 à seulement 1,3% en 2008. C'est dire combien le continent se situe en retard de plusieurs années encore. L'Afrique perd la part dans le secteur manufacturier à fort besoin de main-d'œuvre. De même, sa part d'activités peu technologiques est tombée de 23% en 2000 à 20% en 2008 ; et ses exportations de produits manufacturés peu technologiques diminuent de 25% en 2000 à 18% en 2008. Ainsi, elle est lourdement dépendante des industries extractives des ressources naturelles ; ce qui explique à la fois son faible niveau de diversification et le faible niveau de maîtrise de la technologique à haute intensité.

Mais, dans certaines économies, l'apport des services est devenu aussi important, voire plus, que l'apport de l'industrie. L'analyse ci-dessous ne tient pas compte de cet aspect et se limite à deux critères : innovation et valeur ajoutée manufacturière. Ce qui justifie en fait les conclusions tirées par les auteurs et que ne permet pas d'apprécier réellement le niveau de l'émergence de l'Afrique.

Section 2. Quelles leçons se dégagent de cette littérature ?

2.1. Les analyses ci-dessus ont un point commun

A suivre de près, toutes ces analyses ont un point commun et ne se contredisent presque pas. Elles ne mettent pas l'accent sur les facteurs déclencheurs de l'émergence. Or, il y a bien des facteurs internes et externes qui déterminent le degré de l'émergence économique. Tous les pays, y compris les BRICS ne présentent pas les mêmes caractéristiques. Même si leurs parts dans le commerce mondial évoluent positivement, leur participation au mouvement des capitaux est importante, etc., ces pays n'occupent pas le même rang de croissance et de développement. La Chine n'est pas l'Afrique du Sud. L'Inde n'égale pas la Russie. Les Etats-Unis ne sont pas l'Union européenne, non plus.

Les facteurs permissifs de l'émergence ne se sont pas déclenchés au même moment, comme si les responsables politiques s'étaient donné un même mot d'ordre en matière de solutions remèdes et appliqueraient les mêmes politiques économiques conjoncturelles et structurelles. S'il y a aujourd'hui le constat des signes de convergence qui permettent de regrouper ces pays dans la même catégorie, il faut les situer dans le contexte des mises en route d'un certain nombre des facteurs spécifiques sur une longue durée dans le processus global de développement des pays concernés.

2.2. L'émergence ne se décrète pas, elle se révèle

Nous d'admettons avec Mamadou Koulibaly[15] qu'un certain nombre des critères déterminent un Etat émergent. Il s'agit de : disposer des appareils statistiques fiables, d'un leadership régional, de politiques macroéconomiques ouvertes et responsables, de la rupture avec les structures traditionnelles inefficaces et d'une reconnaissance au plan internationale. Mais ce n'est pas tout. On peut comprendre le processus de l'émergence comme étant un ensemble des options politiques et économiques entreprises par un Etat et qui aboutissent à dégager dans l'ensemble les caractéristiques particulières de croissance soutenue et de développement des structures économiques, sociales, culturelles en vue de réaliser un bond qualitatif sur la voie de progrès.

Ces facteurs sont notamment, la résorption des déficits infrastructurels (accès à l'électricité, à l'eau, aux voies des transports et communication,) l'attrait des investissements étrangers, le développement de l'entrepreneuriat national, la réduction de la dépendance financière, le renforcement et l'élargissement des marchés intérieurs marqués par l'élévation du niveau de la consommation nationale et la réduction des inégalités, la gestion saine des institutions publiques, le développement des incitations à des initiatives privées, la naissance des industries nationales diversifiées permettant de s'émouvoir au-delà des marchés na-

[15] Mamadou Koulibaly, Pourquoi certains pays sont dits émergents et d'autres pas? Audace Institut Afrique, 30 janvier 2013.

tionaux restreints et capables d'être compétitives par l'intégration à la globalisation. Autrement dit, un pays émergent est celui qui va de sa transition politique, économique, sociale, culturelle ; qui rompt avec son passé et qui améliore l'ensemble des conditions pour un passage irréversible vers une véritable économie du marché maitrisée tant au niveau national qu'au niveau mondial.

Au cours du chapitre suivant, notre objet est de passer en revue les paramètres suivants : la production et la consommation de l'énergie, l'état des infrastructures de transports, la nature des investissements étrangers reçus, le niveau de la consommation intérieure, l'entrepreneuriat, la dépendance financière, la participation aux échanges. Notre approche consiste à comparer les données africaines et de les évaluer par rapport aux niveaux des Etats émergents, à savoir : les BRICS.

CHAPITRE 2.

ETAT DES LIEUX DES ECONOMIES AFRICAINES

Analyse des indicateurs de l'émergence

Introduction

Ce qui nous intéresse à ce stade de réflexion est de répondre à la préoccupation de savoir : le temps de l'émergence africaine est-il au rendez-vous ? Si oui, quels sont les facteurs déclencheurs ? Notre analyse réexamine cette problématique au-delà de l'approche basée sur la production manufacturière, la croissance du PIB ou le simple fait de participer aux échanges commerciaux.

Les critères pris en compte par nombreux auteurs que nous avons examinés sont fondés sur l'intégration à l'économie mondialisée, à l'instar de l'émergence des BRICS (Brésil, Roussie, Inde, Chine et Afrique du Sud). Nous partons des postulats évoqués par Alain Piveteau et Éric Rougier, à savoir : « L'émergence désigne des trajectoires de changements économiques et sociaux étroitement articulées à la globalisation. L'émergence reste liée aux contextes nationaux, qu'il s'agisse du particularisme des configurations institutionnelles ou de la nature des politiques publiques poursuivies. L'émergence signale de nouveaux rapports aux règles et aux normes du jeu international, tant en terme de capacité d'adaptation que de capacité de production. »[16] Nous pouvons à notre niveau dire que la capacité d'adaptation, de production et le particularisme des configurations institutionnelles restent les facteurs à prendre en compte si l'on veut procéder à l'analyse des déclencheurs de l'émergence dans les pays qui la décrètent.

---

[16] Émergence, L'économie du développement interpellée, in *http://regulation.revues.org*, 2010.

Pour ce, nous allons retenir dans notre analyse, notamment : le niveau de la consommation intérieure, le développement des infrastructures, le climat des affaires, le taux d'investissement, le niveau de l'épargne, l'excédent énergétique, l'émergence de la classe moyenne nationale, l'entrepreneuriat privé national et le degré de l'autonomie financière. Il s'agit d'un tour d'horizon combinant les aspects microéconomiques et macroéconomiques tant au niveau national qu'au niveau global. Concrètement, nous allons, dans cette analyse évaluer les variables suivantes : la production et la consommation de l'énergie, le développement des infrastructures, l'émergence de la classe moyenne, l'entreprenariat et l'innovation technologique, la participation aux échanges internationaux ainsi que le niveau des investissements directs étrangers.

Il s'agit en fait d'examiner les facteurs de l'émergence en ce sens qu'ils impliquent le conditionnent des transformations mentales, managériales et conduisent vers le changement structurel de l'économie. Cette démarche diffère de celle entreprise par de nombreux auteurs dont le fond de leurs analyses et d'examiner les niveaux de l'émergence acquis par les pays en question, sans suivre le schéma de l'émergence.

Section 1. La production et la consommation de l'énergie

1.1. Liens entre énergie et croissance économique

La revue américaine BioScience publie en 2011 une étude de corrélation positive entre énergie et croissance tant au niveau mondial qu'au niveau national.[17] Il existe également d'autres études qui abordent le sujet dans le même sens. En effet, on ne peut évaluer le niveau de la production et de la consommation de l'énergie en Afrique, sans revenir à cette littérature théorique sur les liens entre énergie et croissance de l'économie. Certaines, thèses soutiennent que la croissance attire la consommation de l'énergie vers le haut. La baisse de la croissance entrainerait vers le bas la consommation de l'énergie[18]. Oui, cette relation est possible. Mais, ce qui nous intéresse c'est de constater qu'avant la croissance il y a d'abord les disponibilités énergétiques. Il ne peut donc exister une croissance qui n'est pas le fruit des capacités énergétiques installées. Elles constituent l'infrastructure de base.[19]Le secteur énergétique est la source qui a révolutionné l'économie à l'âge de l'industrialisation en Occident. La production du charbon était le moteur des bassins industriels. Et aujourd'hui, la maitrise de la production de l'énergie demeure le moteur de tout progrès économique. L'énergie reste encore de nos jours un critère primordial de l'émergence des économies en transition et un outil indispensable de croissance et de développement intégral. Il (critère) indique les capacités atteintes par un pays en matière de transformation des branches économiques ; il indique la couverture en besoin domestique, il indique la dispersion des activités économiques à travers le territoire

---

[17] http://www.sciencesetavenir.fr/nature-environnement/2011 /energie-et-croissance-economique.html

[18] Le.gargaillou.over-blog.net, Energie et croissance : quel lien entre elles ?, 31juillet 2012

[19]http://decroissance.blog.lemonde.fr/2013/06/16/impossible-decouplage/ Impossible découplage entre énergie et croissance.

national ; il indique également les capacités d'aménagement des liens intersectoriels de l'économie.

Il indique la réduction de la pauvreté en matière des soins médicaux, en matière des besoins alimentaires (irrigation, eau potable, chaine de froid) et en éducation, etc. A ce stade, les services sociaux de base qui accèdent à l'énergie offrent des soins de qualité, une meilleure productivité, une nourriture saine et de qualité. L'aménagement du territoire n'est réalisable pleinement, avec souci de l'équilibre de développement de l'espace que dans la mesure où l'accès à l'énergie, source principale de transformation est possible. Cette thèse de Jean-Marc Jancovici[20], bien que relativisée par certains auteurs garde encore son importance. Aux Etats-Unis, une équipe des chercheurs a conduit à la conclusion selon laquelle le niveau de vie, la proportion de médecins dans une population, le nombre de téléviseurs par personne, et le taux de mortalité infantile, sont corrélés avec la consommation d'énergie par personne et le produit intérieur brut par personne. Autrement dit, Énergie et PIB sont liés par l'intensité énergétique, c'est-à-dire la quantité d'énergie qu'il faut consommer pour produire un euro, précisent les auteurs :[21] Intensité énergétique = Consommation d'énergie / PIB. En effet, comment peut-on imaginer une industrialisation à large échelle dans un contexte de pauvreté énergétique (famine énergétique) ? Comment peut-on imaginer à la promotion de la classe d'entrepreneurs nationaux si celle-

---

[20] http://le.gargaillou.over-blog.net,Energie et croissance de l'économie : quel lien entre elles ?

[21] http://energie-developpement.blogspot.fr/2012/08/transition-energetique-croissance-intensite-PIB.html

ci souffre encore à avoir accès à l'eau et à l'électricité (commerciale aussi) ? Comment peut-on imaginer une formation de qualité dans un pays où l'outil de formation moderne impose l'accès à l'énergie, voie principale de communication ? Comment imaginer le développement des services connexes à l'industrialisation si les coupures du courant durant des journées entrainent les pertes des millions de dollars à gagner ?

Comment assurer une communication dans un pays où les coûts liés aux tarifs n'autorisent pas aux usagers de se payer ce service indispensable au développement des affaires ? Comment nous pouvons estimer l'impact de la diversification équilibrée des activités économiques et leurs effets de propagation dans un pays où l'accès à l'énergie couvre moins de 5% du territoire ! Le sous-développement et le manque de croissance économique sont les caractéristiques des pays dont le déficit énergétique est profond. Plus d'une fois, on déplore l'écart qui sépare l'Afrique et le reste du monde en matière de l'accès à l'énergie. Quel est le constat général ?

1.2. Le niveau du déficit de production

Les analyses démontrent que pour une population estimée à 760 millions d'habitants en 1998(elle atteint le chiffre de 1 milliard déjà en 2015), représentant 13% de la population mondiale, la consommation d'énergie primaire de l'Afrique s'établissait à 480 Mtep (tonne équivalant pétrole), soit 4,6 % de la consommation mondiale.[22] Cette

[22] Aristide Cyrille Dadie, Université de Cocody Abidjan - DEA PTCI, Economie 2005.

faible consommation se caractérise par ailleurs, par la forte dépendance aux combustibles ligneux, une faible consommation per capita par rapport au reste du monde, soit 500 Kwh/an contre une moyenne mondiale de 2500 Kwh/an (dont 900 Kwh pour les pays en développement et 9000 Kwh/an pour les pays industrialisés. Géraud Magrin, dans son article, « L'Afrique subsaharienne face aux famines énergétiques » constate que la consommation énergétique en Afrique subsaharienne est estimée à 0,5 tonne équivalant pétrole (tep)/an/habitant, contre 4 en Europe et 8 aux Etats-Unis. De plus, l'accès aux énergies modernes (électricité, gaz, produits pétroliers) est très limité. Moins de 15% des habitants de l'Afrique subsaharienne ont accès à l'électricité.

Seules les énergies dites traditionnelles issues des matières premières renouvelables (bois et charbon de bois) et de sous-produits agricoles (résidus de culture, déjections animales) occupent une place prépondérante.[23] Comment peut-on envisager dans ces conditions l'émergence économique dans la mesure où le recours à ces énergies traditionnelles reste la seule possibilité offerte à plus de 90% des populations africaines, urbaines et rurales ! Et à l'heure où le débat sur le climat occupe les salons, et que les précautions pour la protection de cette source renouvelable sont conseillées, ne peut-on pas imaginer la menace qui pèse dans les milieux urbains du Tiers Monde ?

M. Alioune FALL affirme à ce propos que le taux d'électrification en Afrique est inférieur à 30 % pour la

---

[23] EchoGéo, N°3, décembre 2007/Février 2008

majorité des pays contre un taux moyen à l'échelle mondiale de 60 %. En milieu rural, précise-t-il, le taux d'accès à l'électricité se situe à seulement 8 % pour l'Afrique subsaharienne contre une moyenne mondiale de 44 % (40 % pour l'Amérique latine, 80 % pour la Chine).[24] Plus précisément, selon l'étude sous la direction de Jean-Pierre Favennec[25], la consommation moyenne d'un Africain est le quart de la consommation moyenne d'un habitant dans le monde. En Afrique subsaharienne (exception de l'Afrique du Nord et de l'Afrique du Sud) la consommation moyenne est inférieure de 9 % à la moyenne mondiale, et de 9 % à la consommation européenne. Cette fracture explique l'écart de développement entre les deux continents. On peut oser dire que le chiffre de 30% est trompeur. Les données suivantes comparent davantage les écarts entre l'Afrique et le reste du monde. On peut constater que d'ici 2030, le niveau de consommation des 54 Etats africains va équivaloir à celui du Brésil ou du Mexique.

---

[24] Alioune FALL, les défis énergétiques du nouveau siècle pour l'Afrique, in www1.Agora21.Org

[25] Jean Pierre Favennec, L'énergie en Afrique à l'horizon 2050, in www.energie-for-africa.fr

Figure 1. Consommation d'énergie (1990-2030)

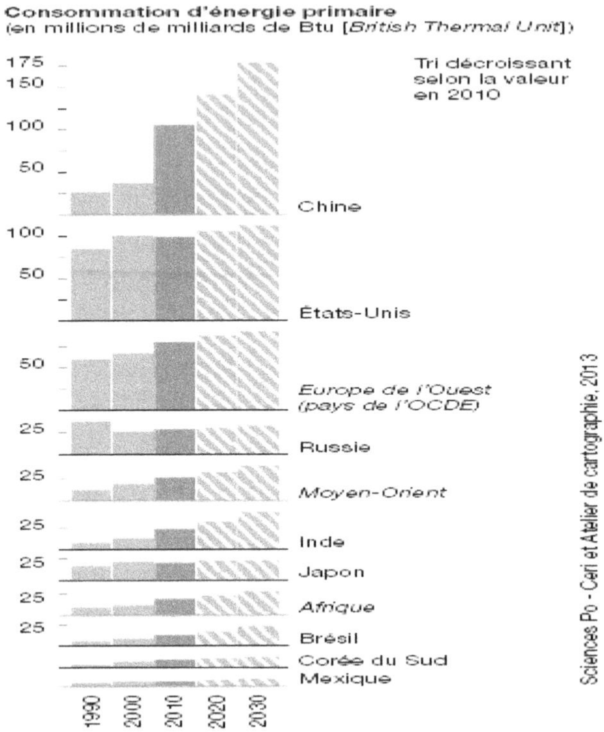

Si nous examinons la consommation commerciale par pays ou par région, les écarts sont considérables. Le rapport du Conseil mondial de l'énergie établi en 2005 et dont les données n'ont pas fortement varié à ce jour note que l'Egypte, la Libye, l'Algérie, et l'Afrique du Sud consomment plus de la moitié de ce total. Les autres pays sombrent dans le noir et recourent au charbon de bois pour des besoins domestiques, tandis que la consommation commerciale reste limitée dans quelques quartiers urbains.

1.3. Les causes du déficit

Christine Heuraux[26] évalue plusieurs causes de la faible capacité de la consommation de l'énergie en Afrique, et particulier en Afrique centrale. La capacité installée de toute l'Afrique est de 114 GW pour une population qui avoisine un milliard d'habitants et qui a un taux le plus élevé de sa croissance démographique ; cette consommation équivaut approximativement à celle de l'Allemagne qui compte 82 millions d'habitants. Quel contraste ? Si l'on tient compte uniquement l'Afrique subsaharienne, la capacité installée n'est plus que de 74 GW, soit à peu près celle de l'Espagne avec ses 45 millions d'habitants. Hors l'Afrique du Sud, cette capacité tombe à 34 GW, soit l'équivalent de celle de la Pologne avec ses 38 millions d'habitants[27]. Outre cette insuffisance, les installations existantes sont vétustes et vieilles de plus de 44, voire 60 ans. Les dépenses en investissements ne sont pas conséquentes. Les institutions financières, notamment la banque mondiale et les banques régionales de développement n'arrivent pas à répondre aux besoins exprimés dans divers programmes de développement. Les aides sont insuffisantes. Les programmes énergétiques intégrés conçus par les organisations régionales (Sadc, Cedeao, Ceeac), ne sont pas financés à la hauteur des ambitions. Plusieurs plans demeurent au niveau des intentions. Les projections ne laissent pas envisager des travaux d'envergure dans le bref délai.

---

[26] www.connaissancedesénergie.org.

[27] Lire les mêmes conclusions dans L'énergie en Afrique à l'horizon 2050.

Certains créanciers hésitent à décaisser les fonds. Plus récemment, les Etats-Unis ont annulé leur offre au Congo Kinshasa (Inga III).Mais, en même temps, Obama promet une aide de 5 milliards à cinq projets d'électrification dans quelques pays africains jugés en voie de l'émergence. Cette aide nous semble une goutte d'eau et s'inscrit dans la logique classique de servir d'abord les zones minières. On oublie que dans ce continent des centrales hydro-électriques installées durant la période coloniale ou après cette période servent essentiellement à alimenter les exploitations minières et pétrolières. Ces ressources souvent de faible capacité ou vétustes sont entretenues pour maintenir les capacités de production minière en zones rurales

Les régions pauvres en mines sont complètement dépourvues de l'électrification. Par exemple, au Congo Kinshasa, des zones larges comparables à l'étendue de certains pays comme l'Italie, le Portugal, la Belgique, etc., demeurent dans l'obscurité. Les projets conçus par des experts internationaux sont dans les tiroirs et attendent le financement extérieur. Les lignes d'Inga qui datent des années 70 transportent le courant sur une distance de plus de 1500Km vers le Katanga minier ; cependant, les provinces traversées par ces lignes sont dans l'obscurité totale. Aucun investissement productif nécessitant l'énergie ne peut y être envisagé. Même là où quelques installations hydroélectriques existent, vieilles de 70 ans, elles ne connaissent aucun coup de ballet. On peut penser aux barrages jadis dans les trois provinces du Katanga, de Maniema et du Kivu. Les conséquences se traduisent par les ruptures répétées de l'électricité, entrainent l'arrêt des activités économiques. Certains quartiers de la ville de Kinshasa restent dans l'obscurité durant des mois. Quelques pays du nord et du sud de l'Afrique s'en tirent un peu mieux. Il s'agit de l'Afrique du Sud, de l'Égypte, de la Lybie (d'avant la mort de Kadhafi), l'Algérie, du Maroc et de la Tunisie. Leur déficit est relativement faible. Ces six pays du nord et du sud de l'Afrique, auxquels s'ajoutent le Nigéria, l'Ile Maurice, le Kenya, le Ghana, se situent en tête du peloton des prétendants africains à l'émergence. Quant aux autres pays, le chemin semble certainement long et très coûteux pour s'offrir les chances de l'émergence économique.

Comme le signifie le journal Xinhua : « Malgré tout cet énorme potentiel, l'Afrique centrale demeure cependant la partie la moins électrifiée de toutes les sous-régions d'Afrique. Elle affiche, entre autres, des indicateurs suivants : un taux de production annuelle d'environ 4% contre 60% en Afrique australe ; un taux de consommation par habitant qui se situe aux alentours de 109 kWh/an contre 740 en Afrique du Nord et 1.600 en Afrique australe ; un taux d'électrification d'environ 13% contre 90% en Afrique du Nord ; et une qualité des services caractérisée par des délestages intempestifs ».[28] Le taux d'accès en ce qui concerne le Congo Kinshasa est de plus ou moins 9%. Le pays espère rehausser ce niveau avec la mise en œuvre d'Inga III dont le financement tarde encore, malgré les multiples promesses.

---

[28] Marguerite Culot, Environnement, pauvreté et énergie : l'interdépendance, in *www.Riaed.net*, décembre 2000.

1.4. L'impact sur la croissance économique.

Nous venons de souligner ci-haut le fait que le taux de l'accès à l'énergie entraine les effets multiplicateurs sur la croissance d'une nation. Plus un pays offre les facilités en infrastructure énergétique, plus il réduit la distance qui sépare le secteur primaire du secteur secondaire. L'énergie est donc le chemin obligatoire de l'industrialisation. Il n'existe pas un pays qui dispose d'un déficit énergétique croissant et qui réalise en même temps une croissance soutenue de son économie. Sur ce, l'Afrique accuse un grand retard par rapport au reste du monde. Le classement des 124 pays selon leur capacité à fournir l'énergie démontre que l'Afrique du Sud, le seul pays émergent du continent est en tête parmi les pays africains. Il consomme 50% de l'énergie du continent et produit plus ou moins 46% de toute la production de l'Afrique. Ce pays a relevé son taux d'électrification en milieux ruraux de 37 à 67% en 2010.

Les autres pays africains performants : Algérie, Tunisie, Egypte réalisent un bon indice d'efficacité énergétique. La Tunisie est classée première en Afrique du Nord avec un score de 0,53 et 60ème mondiale, suivie par l'Algérie 66ème mondiale (0,50), le Maroc 79ème (0,46), l'Egypte 81ème (0,46) et la Libye 86ème (0,45). Il y a bien une corrélation entre efficacité énergétique et performance économique.[29] Le reste du continent se classe dans la catégorie des pays à famine énergétique. En effet, selon Jean Roch, « la capacité de production des 48 pays au sud du Sahara est de 68 gigawatts (GW, milliards de watts), presque 2 fois infé-

---

[29]Aymen Zituni, Efficacité énergétique: L'Afrique du nord fait mieux que le Moyen-Orient, in *www.maghrebemergent.com,*décembre 2013

rieure à celle de la France. Hors Afrique du Sud, la consommation d'électricité en Afrique subsaharienne représente à peine 1 % de celle des pays à revenu élevé ».[30] Mais dans l'ensemble, 70% de la population africaine n'ont pas accès à l'électricité.

Section.2. Le développement des autres infrastructures

Le constat que nous venons de faire en ce qui concerne l'énergie l'est également à propos des autres infrastructures, notamment : le transport routier, aérien et maritime

2.1. Le transport et son rôle économique

Il n'est plus question de démontrer aujourd'hui le rôle assuré par le transport dans le développement des Nations. Tous les spécialistes partagent l'idée qu'aucune activité économique, à savoir : la production, la transformation, l'échange, la consommation, l'épargne et l'investissement, ne peut être envisagé sans imaginer l'impact positif de transport. Les gains de productivité de tout acte économique sont naturellement dus aux coûts allégés que celui-ci (transport) implique.[31] Il permet de gagner en temps nécessaire les gains en approvisionnement, en inputs, mais aussi en volume et en valeur. Il permet également de relier les centres de production à ceux de transformation. Cette

[30] www.Afrique-demain.org

[31] Conséquence directe, les coûts de transport en Afrique sont supérieurs de 63 % à ceux des pays développés, ce qui nuit à la compétitivité du continent sur les marchés locaux et internationaux. La BAD signale également que les coûts de transport représentent 30 à 50 % de la valeur totale des exportations africaines. Ces coûts sont encore plus élevés dans 16 pays enclavés, tels que le Zimbabwe, le Soudan du Sud, le Mali et le Niger, et représentent près des trois quarts du total de leurs exportations.

connexion est une priorité ; elle permet des gains en temps, en quantité et en valeur. Mais, aussitôt les biens transformés, seul le transport établit des liens avec les centres des négoces, c'est-à-dire, les différents marchés au sein d'un territoire ou de plus d'une région géographique. Il entraine de ce fait toute politique d'aménagement des territoires répondant à chaque vocation naturelle bien sûr, mais, il autorise aussi la transformation des agglomérations des industries en amont et en aval. Leur intégration agrandit la taille des marchés et attire les autres investissements. Autrement dit, le transport accompagne la compétitivité des entreprises tant sur le plan national que sur le plan global.

Il est le premier outil d'intégration économique entre les nations et justifie le principe de libre circulation des biens et des personnes dans l'espace unifié. Les analyses sur le couplage : transport et croissance valident cette corrélation. On peut se référer aux travaux de Fogel (1962) de Schauer (1989), (Meyer, 1998 et Lenormand, 2002), etc. Mais, les auteurs ont encore un vaste champ de recherche, car, les suggestions que nous évoquons dessus ne sont pas encore toutes exploitées. Bien au contraire, les préoccupations sur les liens entre le réchauffement climatique et les transports ont tendance à occulter le rôle que ces moyens jouent dans le développement des nations, surtout celles qui ont encore un déficit criant.

2.2. La vétusté des infrastructures routières

Le constat relatif à l'apport de l'énergie est le même en ce qui concerne les autres infrastructures utiles à la croissance. Les études antérieures sur le sujet démontrent que le continent africain enregistre un déficit criant. La fracture est très forte à propos de l'état des routes et des ponts, de l'accès à la téléphonie, de la couverture en eau, de l'aviation civile, de chemin de fer et de transport maritime. Les conséquences sur l'économie sont évaluées en termes de perte de 40% de productivité des entreprises. Dans l'ensemble, il faut un investissement de plus de 93 milliards d'euros par an pour relever le défi, dont essentiellement 42 % pour l'énergie, 23 % pour l'eau et l'assainissement, 20 % pour les transports, selon la BAD. Ce montant, ainsi que l'indique l'étude, « représente environ 15 % du produit intérieur brut (PIB) africain, et est comparable aux investissements de la Chine en infrastructure au cours de la dernière décennie ».[32]

Si nous prenons en compte le déficit routier, l'analyse révèle que « des liaisons inefficaces entre les différents modes de transport (aérien, routier et ferroviaire), une connectivité aérienne en déclin, des ports mal équipés, des réseaux ferroviaires obsolètes et un accès insuffisant aux routes utilisables en toutes saisons constituent les problèmes fondamentaux auxquels est confronté le système des transports en Afrique. À peine 40 % des Africains vivant dans les zones rurales habitent dans un rayon de deux kilomètres d'une route utilisable en toutes saisons, contre environ 65 % dans les autres régions en développement ».[33] Les initiatives de création des fonds privés et

---

[32] François Gouahinga, Banque mondiale, Washington

[33] Obiageli Ezekwesili, le Vice-président de la Banque mondiale pour l'Afrique,

publics destinés à améliorer les réseaux routiers à péage rivalisent. Mais, les pays qui accèdent avec facilité à ce financement sont ceux de l'extrême nord et de l'extrême sud du continent. A observer de près, il s'agit des pays dont les économies se diversifient.[34]

Mais globalement, les statistiques indiquent qu'en moyenne, les Etats africains dépensent 7$ par habitant par an pour l'entretien et la réhabilitation des routes. Ce fait conduit à la détérioration des grands axes. La figure ci-dessous démontre que les grands efforts de réhabilitation sont réalisés en Afrique du Sud. Certains pays par contre ne figurent même pas sur la liste. Les axes routiers sont en piètre état.[35]

[34] Souleymane Keita,www.Jeuneafrique.com, 2012
[35] Ken Gwilliam, Vivien Foster, Rodrigo Archondo-Callao, Cecilia Briceño-Garmendia, Alberto Nogales, et Kavita Sethi, Les routes en Afrique subsaharienne, Banque mondiale,Juin 2008

Figure 2 : Dépenses de réhabilitation et d'entretien des routes africaines par rapport aux normes

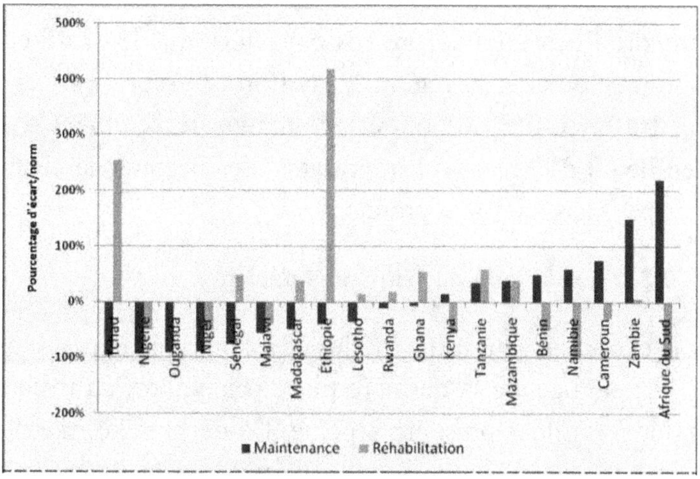

Source : Étude AICD des coûts budgétaires, 2008 ; Analyse AICD RONET, 2008.

L'étude de la Banque mondiale, version 2010, démontre également qu'en ce qui concerne le pourcentage des routes bitumées l'Afrique centrale est la moins nantie. Par contre l'Afrique du Nord est la mieux équipée. Pau Harry O. S. Aithnard, directeur de la recherche à Ecobank fait remarqué qu'entre 1998 et 2007, les investissements en infrastructures sont passés de 3 milliards à 12 milliards $ pour l'ensemble du continent. En excluant l'Algérie, le Kenya, le Maroc, la Tunisie, le Nigeria et l'Afrique du Sud, 25% de ces investissements sont dirigés vers les autres pays de l'Afrique. Or ces pays ont besoin de 180 milliards $ d'investissements en infrastructures entre 2007 et 2014. La zone la moins nantie est l'Afrique subsaharienne dont les dépenses dans le secteur ne représentent en moyenne que

3% du PIB. Résultats : 4,1% des routes bitumées contre 64,1% pour l'Afrique du Nord, 22% pour l'Afrique de l'Ouest et 20% pour l'Afrique australe. Allez-y comprendre l'écart qui sépare ces pays ainsi que le profil économique de chaque région. Les efforts entrepris en vue de mettre en route des projets communs ressemblent à un feuilleton de rêve, vu l'importance des besoins de chacun des pays associés aux projets.

2.3. La modicité du transport aérien

L'évolution du trafic aérien démontre également que l'Afrique occupe la dernière place par rapport au reste du monde.[36] Elle représente à peine 3% du marché mondial, soit 4,5 % pour les passagers (108 millions en 2005) et 1,6 % du fret (1,334 million de tonnes). Ainsi, elle est presqu'absente dans le ciel international et ne participe pas presque pas au trafic aérien globalisé. Les rares compagnies qui lient les quatre coins du monde sont de l'Afrique du Sud, du Kenya, de l'Ethiopie, du Maroc et de l'Algérie. Certaines prévisions optimistes indiquent que le volume du trafic va s'accroitre en moyenne de 6% par an durant toute cette décennie, principalement dans les sous-régions économiquement riches. Mais il faut noter que cette croissance est imputable à l'offre des compagnies étrangères, dont Air France (490 vols hebdomadaires) et le Groupe Lufthansa (265 vols). En ce qui concerne l'offre africaine, une analyse faite il y a quelques années remarquait que près de 200 compagnies aériennes sont recensées dans le continent et la majorité n'a pas une réalité tangible. Mais

---

[36] www.Africasolution.info, 2005

38 seulement répondaient aux normes de sécurité. De plus sur les 54 Etats, seuls 35 disposent de compagnies qui, souvent, sont de taille négligeable en référence à leur flotte qui reste très faible ou même quasi inexistant.

Cependant, cette tendance reste contrastée dans différentes régions du continent : si les compagnies aériennes du Maghreb, d'Afrique du Sud et d'Afrique de l'Est font des efforts importants pour survivre dans le contexte concurrentiel dans lequel elles évoluent, il n'en demeure pas moins que la situation devient préoccupante pour le reste de l'Afrique essentiellement Centrale et Occidentale. Ces dernières n'assurent que 0,3% du trafic mondial nécessitant ainsi les besoins de redynamiser le secteur ».[37] Cette faible compétitivité sous-entend un important déficit financier qui se calcule en termes de perte due à l'importation des services étrangers en matière de transport. On peut imaginer qu'en dépit de ce déficit, les voyages et le transport des biens (marchandises) peuvent contribuer au développement des flux commerciaux entre les régions ou à l'intérieur des pays. Mais, les gains réalisés par les transporteurs étrangers étant énormes, ils entrainent tout de même un manque à gagner important qui creuse le déficit commercial. Car, localement les compagnies nationales africaines défectueuses ne peuvent aucunement faire face à la concurrence. Certaines sont même tenues de disparaitre. L'association des compagnies aériennes africaines note que cette faible place qu'occupe le continent est due à plusieurs causes : « petite taille, com-

---

[37] Le secteur aérien Africain : État des lieux Problématiques, enjeux et perspectives Publication PMC Mars 2008

pagnies contrôlées par les gouvernements lourdement endettées et peu rentables, intervention étatique dans la nomination des dirigeants (ces derniers jouant au jeu des chaises musicales), dans la gestion même de ces compagnies, sans toujours de logique économique. La plupart des aéroports sont aujourd'hui sous-équipés ».[38] Nous devons également ajouter à ces failles : les niveaux des tarifs très élevés, de nombreux accidents dont 40% dans deux pays : Angola et République démocratique du Congo, les taxes d'aéroport exorbitant, les capacités d'accueil faibles. Mais, l'analyse des cas particuliers fait ressortir l'écart entre le nord, le milieu et le sud du continent. Les dix premiers aéroports sont en Afrique du Sud et au Maghreb, en termes de cargo et des passagers.[39] Ces deux zones géographiques correspondent aux zones où l'indice énergétique ainsi que le niveau de développement infrastructurel sont supérieurs par rapport au reste du continent.[40]

2.4. Le transport ferroviaire démodé

Les limites des transports routiers peuvent être compensées par le transport ferroviaire, encore faut-il que le réseau relie les coins importants du pays. Car, les rails permettent non seulement de relier des régions les plus éloi-

---

[38] Nathalie Gillet, Marchés tropicaux, in www.Afrik.com, Février 2005

[39] Les Top 10 trafic passager, en millions en 2012 sont : Johannesburg, Afrique du Sud ; OR Tambo, 18,8, Le Caire, Égypte ; Cairo International, 14,8, Le Cap, Afrique du Sud ; Cape Town International, 8,5, Lagos, Nigeria ; Murtala Muhammed, 7,2, Casablanca, Maroc ; Mohammed V, 7,2, Hurghada, Égypte ; Hurghada International, 7,1, Sharm El Sheikh Égypte ; Sharm El Sheikh International, 6,6Nairobi, Kenya ; Jomo Kenyatta, 6,3, Alger, Algérie ; Houari Boumédiène, 5,4 ; Tunis, Tunisie ; Tunis Carthage, 5,2

[40] Willy Kamdem, Les dix plus grands aéroports africains face à la crise, in *www.lesafriques.com*, 2012

gnées, mais aussi de transporter un volume encore plus important des marchandises et des personnes, sans encombre, dans un temps record. Mais là aussi, le déficit demeure important en Afrique. Les données disponibles indiquent que « Le réseau ferroviaire africain est estimé à 89 380 km pour une superficie de 30,19 millions de km² soit une densité de 2,96 km pour 1 000 km² ». Sur les 54 Etats, 11 ne disposent même pas de ce réseau.[41] Quelques projets en cours, notamment en Afrique de l'Ouest et financés par la Chine vont peut-être relier ces pays au reste du continent. L'Europe par contre dispose de plus de 210 000 km de voies ferrées dont près de 7.000 km à grande vitesse. En lisant la carte, l'Afrique centrale est la moins nantie. Comme on peut lire sur la carte, c'est l'Afrique australe et celle du Nord qui sont mieux servies en réseau intense, exprimant également l'intégration territoriale des deux régions.

Selon Christophe Le Bec, le réseau ferroviaire subsaharien (hors Afrique du Sud), de 56 000 km, ne représente que 2 % du rail mondial. Voilà de quoi se poser la question sur la place de cette sous-région dans le transport des marchandises. M. Zoba affirme aussi ce constat : « Sur les 1,25 million de kilomètres de chemins de fer qui sillonnent le monde, seuls 80.000 se trouvent en Afrique, la plupart en très mauvais état ».[42] Cet écart exprime aussi les degrés de l'industrialisation de chaque sous-région. En effet,

[41] Le Burundi, le Cap-Vert, les Comores, la Gambie, la Guinée-Bissau, la Guinée équatoriale, la Libye, Maurice, le Niger, la République centrafricaine, le Rwanda, Sao Tomé-et-Principe, les Seychelles, la Sierra Leone (le chemin de fer n'est plus en service), la Somalie et le Tchad.

[42] http://www.paixetdeveloppement.com, 18/04/2014

seuls les points de production minière sont connectés aux ports d'embarquement vers les centres des négoces en Europe ou en Asie. Les régions agricoles en Afrique sont totalement privées de réseaux ferroviaires. Autrement dit, l'infrastructure géographie des chemins de fer est celle qui date d'avant 1960. Elle est non seulement dégradé, vétuste, non entretenue ; mais aussi, le matériel démodé ne permet d'assurer le transport important des marchandises. Les industriels étrangers (dans les mines) ont résolu d'emprunter la route en vue de relier les ports d'évacuation vers les centres occidentaux des négoces. Cette mesure dénote l'écart qui existe entre le réseau en Afrique par rapport aux autres continents.

Section 3. Les investissements directs étrangers

Naturellement, les pays hôtes attendent des firmes multinationales plusieurs effets d'entrainement. Il s'agit de l'apport en termes des impôts et taxes, mais aussi en termes de création d'emploi, de transfert de technologie, de support aux petites et moyennes entreprises locales, de développement des opportunités de transformation territoriale, de participation aux échanges internationaux, d'amélioration du bien-être de la population, etc. Qu'en est-il de l'Afrique ?

3.1. Les chiffres qui trompent l'œil

Bien que le PIB, indice fétiche des Africains soit remis en cause par nombreux auteurs[43] à cause de ses limites à

[43] Kuznet, son auteur mettait en garde en 1934, l'usage excessif de l'indice en comparant création de la richesse et bien-être d'une nation.

expliquer d'une manière adéquate les performances économiques annuelles d'un pays, il ne demeure pas moins l'indice qui fait croire à nombreux analystes et dirigeants politiques que l'heure de l'émergence africaine a sonné. Nous aurions pu commencer par son examen du fait qu'il est magnifié par nombreux responsables africains, appuyés par les cabinets d'experts internationaux. Les statistiques démontrent en effet que sur une période de plus de 7 ans, l'Afrique a enregistré une croissance du PIB robuste. Cette projection était déjà estimée par les études du FMI avant la chute actuelle des prix des produits de base.

Les pays tels le Nigéria, l'Afrique du Sud, l'Egypte (du temps de Moubarak), l'Angola, l'Ile Maurice, la Tanzanie, le Rwanda, le Ghana, etc., sont cités parmi les champions de cette croissance. Les explications des causes varient. Les experts les attribuent, notamment à la forte demande des produits pétroliers et non pétroliers, à l'agriculture de rente, à la stabilité macroéconomique : monnaie, finances publiques, maîtrise de l'inflation, investissements productifs, amélioration du climat des affaires et large libéralisation des échanges.[44] Ils les attribuent également à la réduction des dettes dans le cadre de l'initiative « Pays pauvres très endettés ». Cet allègement aurait réduit l'impact de la dette sur le déficit de la balance des paiements et sur le taux des investissements publics. Nombreux pays bénéficiaires auraient ainsi amélioré leurs niveaux des importations, des exportations et de la consommation intérieurs. Ils auraient également affecté des ressources addition-

[44] Panapress, L'Afrique enregistre sa plus forte croissance depuis 20 ans, mai 2007

nelles au développement des infrastructures. En d'autres mots, les différents rapports attestent que depuis 2005 jusqu'en 2013, la forte demande des produits de base, la bonne tenue des finances, l'apparition d'une classe moyenne estimée à 300 millions (chiffre surestimé par les experts, car, les études plus récentes ramènent ce chiffre à plus ou moins 140 millions) et une forte demande intérieure, principalement en Afrique du Nord et du Sud, tirent les économies africaines vers le haut.

Par ailleurs, l'investissement privé connaitrait aussi un regain d'intérêt dans le chef des entrepreneurs étrangers. Comme le soulignait Paul Alexis Racine, « Au cours des dernières années, l'Afrique a attiré de plus en plus de placements privés. En 2011, ces investisseurs privés ont atteint 30 milliards de dollars de transactions en Afrique, contre 890 millions de dollars en 2010. En 2010, l'Afrique subsaharienne représenterait 6% du total des placements privés venant des économies émergentes, contre seulement 3% en 2007. Actuellement, environ 200 investisseurs seraient activement présents sur le marché africain ».[45] Ils ont une nette confiance, rassure le cabinet Africa Attractiveness Survey 2015. Ce rapport indique le rebond des investissements a atteint en 2014.[46] 136%, créant 188400 emplois . Une lecture brute des données peut cependant induire en erreur si l'on ne va pas plus loin.

Dans l'ensemble, le continent n'a reçu en 2014 que 2% des IDE par rapport au reste du monde. Les investisse-

---

[45] Paul-Alexis Racine Jourdren, capital privé en Afrique, Juillet 2012

[46] Global Investment Trends Monitor, 2015.

ments chinois qui représentaient 40% avant la chute des prix des produits de base enregistrent une baisse sensible au cours de l'année 2014/2015. La CNUCD note que : « le volume des IDE du continent s'était maintenu au-dessus de 50 milliards de dollars d'IDE depuis trois ans (54 milliards de dollars d'IDE entrants en 2014, 56 milliards en 2013, 53 milliards en 2012), mais, ces flux sont tombés à 38 milliards en 2015, en recul de -31,4 %. Alors même que les flux d'IDE à l'échelle mondiale ont rebondi de +36 % en 2015 à 1 700 milliards de dollars (leur plus haut niveau depuis la crise financière de 2008-2009) après avoir baissé de -16 % en 2014. »

Figure 3 Flux d'Investissements directs étrangers entrants en Afrique

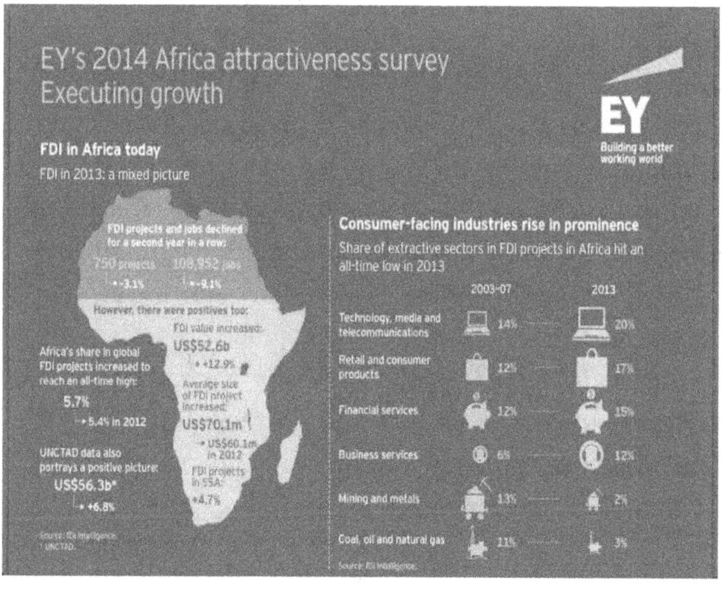

Source Afrique, Ernst & Young, IED

3.2. Les effets d'éviction

Mais, le rapport ne va pas plus loin. Certes, il y a une croissance, mais elle est extravertie ; elle est le fait des exportations des produits miniers qui, de surcroit, renforcent la vulnérabilité de nombreux pays face aux chocs externes : crises financières, inflation importée, variation des taux de change, volatilité accrue des mouvements des capitaux et choix rationnel dans la sélection des projets, baisse de la demande mondiale. Ainsi, plusieurs analyses démontrent l'absence de corrélation significative entre ces flux et la croissance. Contrairement au constat de Lucas relatif aux investissements dans les pays émergents (paradoxe de Lucas), l'épargne intérieure en Afrique étant faible, les capitaux étrangers, essentiellement dans les mines et le pétrole tirent la croissance économiques en Afrique, mais ils entrainent également les effets de remous. Les externalités attendues sont inexistantes. Les salaires (bas niveau) ne permettent pas aux employés d'améliorer le niveau de vie ; les soins médicaux ne sont pas assurés d'une manière adéquate, la scolarisation des enfants n'est pas aussi assurée d'une manière suffisante. Nombreux investisseurs étrangers viennent grossir le chômage déguisé. Lorsqu'ils sont interrogés, ils assurent donner de l'emploi. Mais la visite sur les chantiers ou dans les mines laisse découvrir des méthodes d'exploitation inadmissibles proches de travail forcé, y compris l'exploitation des enfants mineurs.

De même, l'impact macroéconomique demeure mitigé. Pour preuve, nombreux pays africains restent débiteurs. Les taxes issues des profits des investissements directs et des autres flux d'investissements ne parviennent pas à offrir Etats africains les chances de réduire la dépendance financière. Il est difficile de dégager les multiplicateurs sur les revenus et les dépenses des ménages. Pour cause, ces investissements sont autonomes, indépendants, et n'entrainent presque pas les effets induits, ni en aval ni en amont. Ils sont connectés par contre aux réseaux de production dans leurs pays d'origine. C'est là que se réalisent les effets de propagation. Une étude réalisée à ce sujet conclut que les IDE exercent des effets d'éviction à court et à long terme même dans le cas où les pays sont distingués selon leurs spécialisations exportatrices.

Des IDE peuvent favoriser le transfert des investissements du secteur agricole vers le secteur manufacturier uniquement dans les pays non-abondants en ressources naturelles.[47]Les analyses économétriques abondent. Les unes affirment l'existence des liens linéaires positifs ; les autres par contre réfutent cette approche qui consiste à imaginer des hypothèses réductrices et qui aboutissent à des résultats qui n'ont comme fondement que l'acharnement à tout expliquer par la méthode de moindre carré. Pour une large lecture sur le débat, on peut se référer à ce propos au modèle mathématique construit par Agosin et Mayer en 2000.

---

[47] Noomen Lahimer, Investissements directs étrangers et investissements domestiques en Afrique Subsaharienne, Université Paris-Dauphine, 2005.

3.3. Les preuves de l'éviction

3.3.1. Le caractère extraverti

En 2012, l'Afrique comptait plus ou moins 200 investisseurs privés. On a ainsi beau saluer l'apport de ces capitaux privés comme un apport important à la croissance du PIB. Si nous effectuons un simple calcul de la moyenne, nous pouvons dire que chaque pays a eu 4 investisseurs étrangers. C'est une preuve que l'Afrique reste à la traine en la matière. En effet, les investissements directs étrangers représentent tout au plus 2% du total des investissements réalisés dans le monde sur une période de plus de 10 ans. Il s'agit là des investissements réalisés dans 54 pays ! Ce chiffre ne varie pas à ce jour, qu'il s'agisse de l'investissement de capacité ou de production. Le rapport de la CNUCED indique qu'en 2010, l'Afrique n'a reçu que 50 milliards de flux sur le total de 1121 milliards de dollars investis dans le monde.[48] Un léger sursaut peut avoir eu lieu au cours de la période, ce en fonction des opportunités offertes par des secteurs porteurs dans quelques pays. On constatera que les secteurs prioritaires qui attirent les multinationales en Afrique sont les mines, les télécommunications et les travaux publics. On a beau surestimer l'apport des crédits sud-sud (Brésil, Inde, Chine) vers l'Afrique. Mais les études démontrent que ces nouveaux investissements sont connectés aussi au commerce. Ils investissent en priorité dans les mines, le pé-

[48] Selon le rapport de l'OCDE, en 2011, le stock cumulé d'IDE se montait à 559 milliards de dollars EU selon les estimations, l'Afrique du Nord en détenant la part la plus importante (37%), suivie par l'Afrique australe (29%), l'Afrique de l'Ouest (19%), l'Afrique centrale (8.5%) et l'Afrique de l'Est (6%).

trole, l'agriculture de rente et les infrastructures ayant trait à l'évacuation des matières premières : chemin de fer et les couloirs liés aux ports. Remarquons que parmi les facteurs qui attirent les investissements, il y a la demande, la rentabilité et la substituabilité des facteurs. Les mines offrent les opportunités pour les firmes étrangères. Le coût de la main-d'œuvre, la demande mondiale et le taux de profit sont en faveur des géants industriels. Il en est de même du secteur des télécommunications et de la construction. La figure suivante démontre bien que les pays riches en ressources naturelles sont ceux qui attirent le plus ces investissements.

Figure 4 : Les principaux bénéficiaires des IDE en Afrique (En millions de dollars)

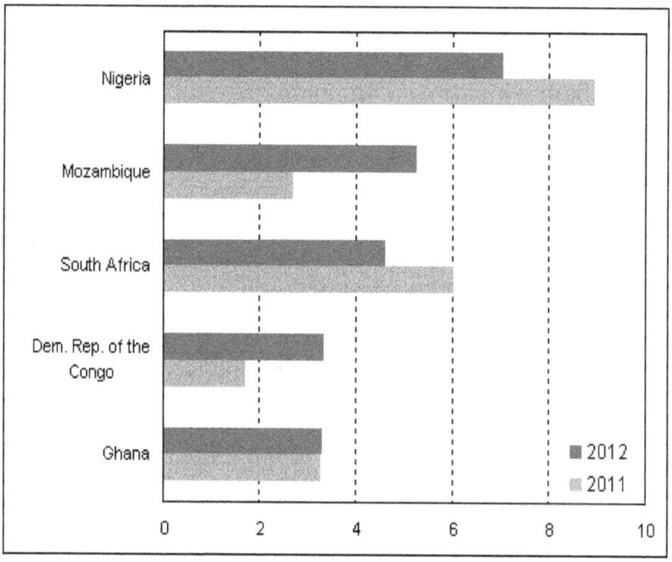

Source, CUNCED, 2012

L'exportation du savoir-faire et des capacités de transformation autonome des industries locales sont loin d'être la priorité des investissements chinois ou indiens en Afrique. Quelques pays (Afrique du Sud, Tunisie, Maroc, Algérie, Maurice) semblent attirer les usines d'assemblage, de textile de l'agro-alimentaire. Les rapports de la BAD, de l'OCDE et du PUND (2014) relatifs aux flux financiers vers le continent indique que ceux-ci (flux d'IDE) « se concentrent dans un nombre restreint de pays : en 2013, les six premiers pays bénéficiaires (qui représentent un tiers de la population du continent) ont reçu le même volume d'IDE que les 48 autres pays d'Afrique pris ensemble. En tête, l'Afrique du Sud et le Nigeria, avec respectivement 6.4 et 6.3 milliards USD (estimations), suivis du Mozambique (4.7 milliards), du Maroc (4.3 milliards), du Ghana (3.3 milliards) et du Soudan (2.9 milliards) »[49] .Mais, comme nous l'avons souligné plus haut, la part de l'industrie africaine ne représente que 1,5% de l'activité au niveau mondial, contre 25% pour l'Asie.[50]

Les investissements directs couplés avec les prêts à l'industrialisation, bien qu'importants en volume et en qualité, entrainent à la longue les effets d'appauvrissement des pays déficitaires. Les gains générés agissent sur le taux de productivité à court terme. Mais, la flexibilité et le dérèglement des flux financiers (globalisation) érodent les gains. Ceux-ci sont transférés vers les pays d'origine ou

[49] BAD, Les perspectives économiques en Afrique, chapitre 2, Apports financiers extérieurs et recettes fiscales, 2014.
[50] Financial Times ; « African countries of the future 2013/2014.

dans des filiales (paradoxe de Lucas). Les pays d'accueil enregistrent les flux, les comptabilisent dans la balance, mais les transferts vers les maisons mères ou vers d'autres filiales causent les déficits importants qui nécessitent à nouveau le recourt à des emprunts au prix élevé (taux d'intérêt). En observant quelques cas particuliers, il revient de constater que 11 pays sur 54 ont un taux de croissance soutenu.[51] Il est réellement positif sur une longue période. Il s'agit de l'Algérie, l'Angola, l'Egypte, le Ghana, le Kenya, le Maroc, le Nigeria, l'Afrique du Sud, le Soudan, la Tunisie et l'Ethiopie. Tous représentent 81% de la consommation privée africaine en 2011.[52] Il s'agit de la situation d'avant la récession actuelle. Par contre, les résultats des autres pays restent mitigés. Parmi les 11 pays, 7 tentent de diversifier leurs économies. Les autres pays connaissent une croissance portée par les économies rentières dues aux exportations des produits miniers, le développement des télécommunications, le boom immobilier et les services connexes (hôtels, restaurants, aménagements des artères en milieux urbains).[53]

Les secteurs diversifiés et porteurs de la croissance se localisent en Afrique du Sud, au Maroc, en Tunisie, en Egypte en Ile Maurice.[54]Ces pays connaissent également

---

[51] www.Paixdeveloppement.Net, L'Afrique 2013, des chiffres surprenants, octobre 2013.

[52] Cabinet de conseil McKinsey Global Institute (MGI), 2012

[53] Il s'agit de Malawi(Tabac, charbon), Tanzanie(agriculture), Mozambique(aluminium), Ethiopie(café et or,) Botswana(diamant), Congo Brazzaville(Pétrole), Nigéria(Pétrole), Zambie(Cuivre), Ghana(Pétrole).Angola(pétrole et gaz). Les exportations minières : pétrole, gaz et autres minerais s'élevaient à 333 milliards de dollars en 2012.

[54] Pierre Olivier Rouaud, L'industrie africaine marginalisée, et demain ?-in www.usinenouvelle.com, Juillet 2011

un regain d'entreprenariat, ils ont assoupli leur fiscalité, ils connaissent moins la distorsion des prix, leurs monnaies sont stables, ils maîtrisent les coûts des facteurs. Le niveau de la demande intérieure y est élevé. Ils connaissent un accroissement des taux d'ouverture extérieure. Donc, l'apport des capitaux étrangers n'est pas le seul facteur suffisant. La gouvernance économique interne semble être le fondement essentiel de la croissance.

Une autre remarque importante mérite également d'être soulignée à ce propos : la diversification dont il s'agit dans les pays cités ci-haut concerne les activités industrielles peu porteuses et dénote l'absence de maîtrise technologique. Or l'innovation est la source de tout progrès industriel. Exemple : au Congo Kinshasa, les investissements industriels étrangers portent essentiellement sur l'agro-alimentaire, les produits en plastiques, et PVC, la production de mousse, la peinture, les blocs de glace, des bandes hygiéniques, des barres d'acier ou encore la fabrication des mèches. Ceci fait rire sans doute bon nombre d'observateurs. Lorsqu'on sait que le pays attend le développement de l'industrie des biens d'équipement, les textiles, l'électroménager, les logiciels, etc. Les investisseurs étrangers ne sont pas prêts à orienter les efforts vers ces branches.

3.3.2. Le désavantage issu de la dotation factorielle naturelle abondante

L'Afrique, dit-on, peut exploiter l'avantage traditionnel dû à l'abondance des ressources naturelles : culture du sucre, du coton, du café, de cacao, de caoutchouc, de bois et des mines, tout ceci dans l'espoir de participer aux échanges et de réaliser les gains qui en découlent. Cette théorie imaginée jadis par D. Ricardo n'est-elle pas dépassée ? Oui, pour certains ; non pour d'autres auteurs. En effet, selon la revue Perspectives économiques en Afrique, « Le secteur primaire peut toujours promouvoir cette mutation structurelle de quatre façons : i) par l'établissement de liens économiques et la diversification dans des activités adjacentes ; ii) comme source d'emplois pour de nombreux travailleurs peu qualifiés, ce qui génèrera une demande de nouveaux produits émanant d'activités nouvelles ; iii) comme source de recettes publiques, provenant principalement des industries extractives mais aussi de l'agriculture industrielle, qui peuvent être investies pour favoriser la transformation structurelle ; et iv) en attirant l'investissement privé qui apporte capitaux et savoir-faire. L'investissement étranger sert également d'indicateur pour identifier les activités et secteurs porteurs ».[55] Mais, aucun de ces facteurs n'est observable dans beaucoup de pays africains.

En effet, ces pays sont-ils encore propriétaires des ressources naturelles ? Oui. Théoriquement, le droit d'exploiter le sol et le sous-sol revient aux pays qui en disposent. Ils sont souverains. Mais, en pratique, les entreprises étrangères (filiales) sont devenues propriétaires des dotations factorielles ; elles sont présentes sur les lieux, là où elles ne pouvaient se trouver à l'époque de Ricardo. Elles n'ont plus besoin d'importer les matières premières. Les contrats conclus avec les Etats leur permettent de dé-

[55] www.africaneconomicoutlook.or, OCDE, 2013.

tenir les titres durant des décennies. Dès lors, elles sont devenues des propriétaires qui exploitent les gains de la dotation factorielle naturelle abondante (des matières premières). Elles les produisent à l'état brut et les exportent. Les pays africains deviennent tout simplement des « sentinelles » des matières premières qui attendent en retour les recettes fiscales. Mais, encore faut-il que ces recettes soient déclarées.

La transformation manufacturière de ces matières premières par des entreprises nationales est devenue un rêve. Le savoir-faire n'est pas maitrisé ; l'accès à des capitaux utiles fait aussi défaut.[56] Les matières premières exportées par des filiales reviennent en produits finis vers l'Afrique par le biais de l'importation à des prix exorbitants. Dès lors, les mêmes filiales privent aux pays africains la deuxième possibilité de se doter des capitaux abondants à cause de l'évasion fiscale. Le recours à la main d'œuvre à bas salaires dans les mines, les bois et les fermes réduit également le troisième avantage factoriel. Sans technologie, ni capitaux, ni ressources naturelles, l'Afrique est devenue un vaste terrain où les multinationales exploitent tous les avantages : mines, main d'œuvre, capitaux, savoir-faire.

Ainsi le fruit du travail manuel ou intellectuel africain, entendu dans le contexte du taux de profitabilité revient aux filiales étrangères concessionnaires. La libre circulation des facteurs de production (école suédoise) n'égalise

---

[56] www.banque mondiale, Les réussites africaines : répertorier les exemples, 2013

donc pas les avantages en Afrique. Elle prive aux pays africains la jouissance, non seulement de leurs propres dotations naturelles, mais aussi des autres facteurs de production. Elle permet par contre l'exploitation de la main-d'œuvre bon marché et prive aux pays africains de jouir de l'abondance des capitaux qui résultent du commerce international. Rien n'étonne que l'Afrique ne participe qu'à la hauteur de 3% au commerce mondial depuis des décennies.

Contrairement aux théories classiques de l'échange (Ricardo et Ecole Suédoise), l'heure de la globalisation remet en cause un tel avantage dû aux ressources naturelles ; il devient un désavantage marginalisant les pays d'autant plus que la mobilité des facteurs naturels est occasionnée par la présence des filiales étrangères qui s'inscrivent dans la logique de la nouvelle division du travail en réseau et autorise les firmes géantes à puiser à la source les matières nécessaires, sans intermédiaires des entreprises nationales publiques ou privées qui d'ailleurs, sont en faillites, pour nombreuses.

Les gains issus des impôts et taxes pouvaient compenser cette perte. Les pays qui en tirent profit peuvent réduire leurs déficits budgétaires et leurs dépendances à l'aide extérieure. Les gains résultant de ces recettes occasionneraient les effets d'accélérateur, la création de l'emploi et la maitrise du savoir-faire.

Les bénéficiaires réussiraient à transformer leur tissu économique, à le diversifier et à créer des opportunités nouvelles. Or, le commerce international marginalise l'Afrique depuis les indépendances. Jadis, on ne cessait de déplorer la détérioration des termes de l'échange en défaveur des pays qui misaient sur l'abondance des ressources naturelles comme facteur de croissance et de développement. Les systèmes de compensation imaginés : sysmin et stabex ont échoué. Aujourd'hui, outre cette détérioration des termes de l'échange, un autre obstacle, non le moindre s'y ajoute, à savoir : la déterritorialisation des activités économiques. Les avantages ne sont plus automatiques. En effet, la globalisation efface les frontières économiques naturelles, libère les flux des capitaux et restreint la souveraineté des Etats sur leurs ressources.

La théorie de Ricardo a donc fait son beau temps. Les exemples des pays asiatiques qui ont suivi d'autres voies attestent que la dotation en ressources naturelles n'est plus un avantage. Les pays riches en ces ressources naturelles sont convoités, mais la réussite de cette exploitation revient avant tout aux entreprises géantes qui ont la capacité de s'émouvoir à travers l'espace global. Ceci qui pose la problématique d'une émergence fondée sur les économies extraverties, soumises à la logique de la globalisation. Rien d'étonnant, le constat fait est que les pays naturellement dotés en ressources abondantes sont aussi les moins industrialisés. Pour preuve, le poids du continent africain dans la production manufacturière mondiale (nous l'avons dit) est seulement de l'ordre de 1,5%, selon le rapport de l'ONUDI.

Sur le plan social, les mines tuent à petit feu toute une génération d'enfants. Le rapport d'Amnesty International démontre combien la production artisanale des minerais en

République Démocratique du Congo a un impact négatif sur la santé. Les revenus générés ne suffisent pas. Les enfants quittent l'école et passent des journées dans les mines. L'étude menée par la Monusco(mission de l'ONU pour le maintien de la paix) dans plus de 5 provinces minières au Congo Kinshasa, notamment en ce qui concerne l'exploitation artisanale a dégagé plusieurs conséquences sur les femmes et les enfants. Il s'agit de : Conséquences néfastes des activités des femmes dans la chaîne d'exploitation artisanale des ressources naturelles a - déperdition scolaire, b- commerce du sexe, c- rupture familiale, d- Exposition à la radioactivité (sans protection), f- Stress suivi de traumatisme, g- malformation des enfants à la naissance, h- Malnutrition (plus prononcée chez les enfants), i- dignité bafouée (non-respect des droits, mépris des femmes et filles), j - Consommation de drogues et autres produits toxiques, k- mariage précoce, (forte sollicitation due à l'environnement), l- viols et incestes, m - Pauvreté (absente dans le circuit de négociation et de transaction), n- exposition à la radioactivité (sans protection), o- corruption et antivaleurs accrues (aucune moralité).[57] Les bénéficiaires du cobalt congolais sont, notamment Apple, Microsoft, Samsung, Sony, Daimler et Volkswagen, etc. Au total, 16 filiales[58] achètent la production auprès de la firme chinoise « Congo Dongfang Mining

[57] Monusco, Etude sur l'impact de l'exploitation artisanale des ressources naturelles sur le développement, l'autonomisation et l'avancement de la femme et de la fille en République Démocratique du Congo. (Nord Kivu, Sud Kivu, Maniema, Oriental, Kasaï Occidental, Kasaï Orientale et Katanga, 2011

[58] Ahong, Apple, BYD, Daimler, Dell, HP, Huawei, Inventec, Lenovo, LG, Microsoft, Samsung, Sony, Vodafone, Volkswagen et ZTE

(CDM), filiale de Huayou Cobalt". Le rapport indique que plus de 40000 enfants sont dans les mines durant plus de 12h sur 24h pour un revenu journalier de moins de 2$. « Des enfants racontent qu'ils travaillent jusqu'à 12 heures par jour dans les mines, transportant de lourdes charges, pour gagner entre un et deux dollars par jour. Selon l'UNICEF, en 2014, environ 40 000 enfants travaillaient dans les mines dans le sud de la RDC, dont beaucoup dans des mines de cobalt ».[59] Cette enquête complète une étude menée jadis dans les zones de Lubero, Kasugho, Katanga, Buyinga et Manguredjipa en 2012 par le groupe d'association de défense des droits de l'homme et de la paix. Il en est de même de l'exploitation des autres ressources. L'agro-industrie en Afrique est source des conflits fonciers. Les petits exploitants sont privés de leurs droits de propriétaires. Les espaces immenses des forêts sont aussi détruits au profit des multinationales occidentales et asiatiques. Il en découle la déforestation à grande échelle en Afrique ayant comme conséquence : la sécheresse, le changement climatique, le déplacement des autochtones.

---

[59] Journal le Phare, Voici pourquoi on meurt en RDC, 21 janvier 2016

Figure 5 : Exploitation artisanale des mines en République démocratique du Congo

3.4. Les causes de la marginalisation de l'Afrique

Le rapport de l'ONUDI note plusieurs causes liées à la marginalisation économique de l'Afrique. Il s'agit de manque de compétitivité-prix, de la taille réduite des marchés intérieurs, du poids du secteur informel, de la petitesse des entreprises, de la mauvaise gestion, des faibles soutiens publics, de la bureaucratie, de la corruption, du gaspillage été l'instabilité politique. Bien plus, remarquons que l'environnement des affaires ne s'améliore pas dans beaucoup de pays, ce malgré les efforts entrepris sur conseil des institutions internationales qui recommandent les guichets uniques et la réduction des délais dans l'octroi des accords aux investisseurs étrangers ; des services de soutien technique sont aussi inadéquats. Ces goulets d'étranglement constituent le blocage du caractère inclusif de la croissance africaine. L'infrastructure insuffisante et le développement technologique faible, combinés à des coûts de transformation et d'électrification élevés complètent la liste des causes. Les prix très élevés, les niveaux des taxes et impôts qui en découlent, les dépenses liées à l'approvisionnement en intrants (prix de l'énergie), les prix des transports, les charges douanières et les tailles des marchés intérieurs, le niveau des revenus très faible, revenus tirés essentiellement des activités agricoles, du petit commerce informel et de l'emploi précaire dans le tertiaire et dans le secteur secondaire complètent les défis que rencontrent les économies africaines.

L'absence des industries motrices et le manque aussi des incitations publiques destinées à offrir les conditions d'attraits réduisent les possibilités de créer les opportunités à grande échelle. On assiste ainsi à une sécheresse dans la création et l'innovation. Les marchés intérieurs se caractérisent par un petit niveau de l'offre et un petit niveau de la demande, localisée principalement en milieux urbains où s'accroissent la précarité, la famine, la mendicité et la famine.

En d'autres mots, même boostée par la demande asiatique des matières premières, l'économie de l'Afrique demeure à la queue de l'économie mondiale et se classe en aval des économies émergentes (BRICS) qui en tirent profit, notamment par une ponction abondante et par les prix mondiaux en zigzag. De cette manière les liens étroits entre les BRICS et l'Afrique depuis plus d'une décennie accroissent sa dépendance de façon inconsidérée. Les risques de cette dépendance ne sont pas moindres pourtant. Comme le dit Paul Collier « les réserves connues de pétrole, de gaz naturel, de minerais, pourraient ne représenter que la partie émergée de l'iceberg, sans même parler du potentiel inexploité des énergies renouvelables, solaire entre autres, et des terres arables. Car, ni le niveau élevé du prix mondial de ces ressources depuis le tournant du siècle, ni la forte demande des économies émergentes asiatiques ne suffiront à provoquer le changement structurel dont les économies africaines ont réellement besoin ».[60] Cette analyse écrite avant la chute des prix des produits pétroliers mérite son pesant d'or. Le constat de Paul Collier est aussi celui fait par Christ Becker. « On rencontre des exploitations minières et de l'agriculture et l'on trouve aussi la distribution, mais le centre est absent. Ce centre, selon l'auteur, est celui de la production manufacturière diversifiée, le cœur productif de tout pays réellement émergent.

L'Afrique est pourvue d'une infrastructure productive relevant essentiellement des biens de consommation et des services, ainsi que de procédés très basiques d'extraction des matières premières, avec entre les deux un ventre mou ».[61] Le vendre mou, c'est le secteur industriel. Il est oublié, ignoré. Car, les économies émergentes d'Asie, de l'Amérique latine et de l'Europe de l'Est attirent l'Afrique vers un piège, celui de l'extraversion, celui d'un cercle vicieux de la pauvreté, longtemps décrié par nombreux économistes. La lecture du tableau ci-dessous démontre que tout le continent ne représente que 2% de l'industrie manufacturière mondiale. Les pessimistes notent qu'il

---

[60] Bakary Traoré, Henri-Bernard Solignac-Lecomte, et Greg De Paepe, Quelles politiques de croissance pour l'Afrique, in www.Jeune Afrique.com, 2012 .

[61] Christ Becker, L'Afrique se dirige vers une croissance en dents de scie, par manque d'épargne et d'une industrie forte, www.contrepoints.org, 2013.

s'agit de 1,1 %. Par contre les pays de l'OCDE représentent 22%. Les deux premières puissances mondiales : les Etats-Unis et la Chine totalisent 37%. Si on y ajoute le Japon, on obtient presque la moitié de l'industrie manufacturière mondiale, soit 48%. Les 2% de la part de l'Afrique sont le essentiellement le fait de la production sud-africaine.

Figure 6. La part de l'Afrique dans la production manufacturière mondiale

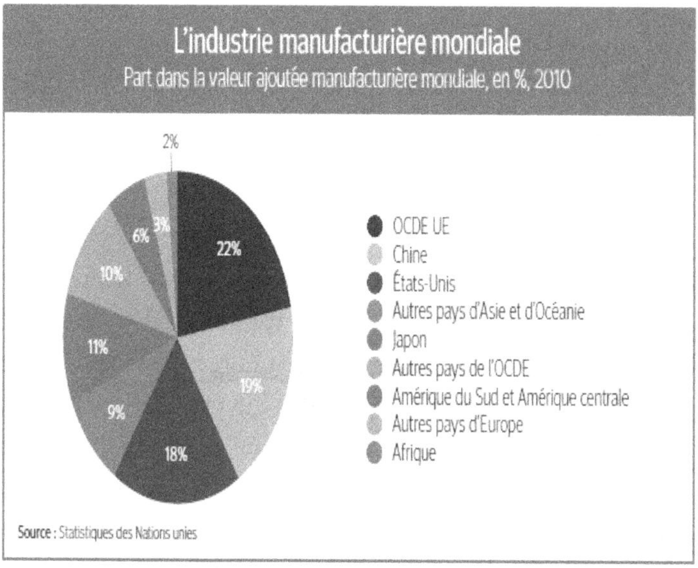

3.5. La fuite des capitaux et l'évasion fiscale

Nous l'avons dit tout haut : les pays producteurs des mines sont maudits. Une malédiction séculaire les tourmente. Notre pessimisme se justifie. En examinant de près l'apport des investissements directs miniers on y déduit ses effets de remous (une pauvreté qui se remue). En effet, la croissance africaine est essentiellement portée par les mines, les produits pétroliers et l'agriculture de rente. Seuls l'Afrique du Sud, le Maroc, l'Ile Maurice, la Tunisie et le Nigéria tentent la transformation de quelques produits et diversifient leurs paysages industriels progressivement. Evaluer l'impact des revenus miniers sur l'émergence économique c'est poser les questions suivantes : quelle est la part gagnée par les Etats (impôts et taxes), comment ces revenus étatiques sont affectés au développement des autres facteurs ? C'est-à-dire, comment ce secteur influence positivement le développement des autres activités (effet multiplicateur de l'investissement public) et quelles sont les industries locales qui se greffent sur ces effets, avec un impact visible.

Nous venons de souligner, la production pétrolière, les mines et l'agro-industrie attirent plus de 80% des investissements étrangers. Les revenus issus des activités profitent davantage à des multinationales étrangères. En dehors de quelques firmes étatiques qui demeurent encore actives dans ces branches, de milliers des firmes étrangères sont les premières bénéficiaires de la richesse produite ces dernières décennies en Afrique. Stéphane Ballong, dans son commentaire sur la perte des millions de dollars par les Africains souligne que l'Afrique du Sud, le Ghana, le Malawi, la République démocratique du Congo (RDC), la Sierra Leone, la Tanzanie et la Zambie, pour ne citer que ces exemples, perdent chaque année des milliards de revenus à causes, non seulement de l'évasion fiscale, mais aussi des arrangements douteux entre les firmes et les responsables politiques.[62] Vitraulle Mboungou fait également état de pillage des mines du cuivre en Zambie, de l'uranium au Niger et de l'or au Burkina-Faso par des firmes géantes dont trois d'entre elles sont sud-africaines (AngloGold Ashanti, Impala Platinum et Gold Fields). Glencore, First Quantum Minerals, Lamgold corporation et Areva participent aussi à cette évasion. Ces multinationales paient de faibles pourcentages de royalties et contrô-

[62] www.Afrik.com,mars 2009

lent pratiquement les revenus des exploitations minières dans ces pays.[63] Le cas de la République démocratique du Congo n'est plus à redire. Depuis les multiples guerres qui sévissent à l'est du pays, des rapports accablants notent combien les multinationales pillent les richesses de ce pays.

Le rapport de Keith Harmon Snow et David Barouski démontre que « Les multinationales occidentales procèdent à l'extraction sans précédent des minerais au Congo Kinshasa ; il est estimé que des tonnes et des tonnes de cobalt d'une valeur de $6 millions par jour – rien que le cobalt – sortent du Congo par jour ». Même dans des zones contrôlées par le pouvoir, les contrats miniers signés sont dénoncés par les organisations non gouvernementales et par les parlementaires qui réclament leur révision, sans succès. Certes, il y a eu révision de quelques contrats, mais, au fond, le décor reste le même. En ce qui concerne la production pétrolière, Agnès Rousseaux, citant Bastamag, fait remarquer aussi que « les dix principales multinationales du secteur possèdent 6 038 filiales, dont plus d'un tiers sont basées dans des paradis fiscaux. Dix entreprises, dont Exxonmobil, Chevron, Shell, BP, Rio Tinto ou Glencore, ont généré en 2010 un chiffre d'affaires de 1824 milliards de dollars dont 144 milliards de dollars de profit, tout en pratiquant une « optimisation fiscale » qui leur a permis de payer beaucoup moins d'impôt. » Certains experts n'hésitent de croire que la fuite des capitaux de l'Afrique vers l'Occident représente plus ou moins 50

[63] Vitraulle Mboungou, Multinationales vs États : hold-up des compagnies en Afrique, in *Afrique Expansion*, février 2011

milliards de dollars par an. Les autres auteurs avancent le chiffre de plus de 100 milliards.

L'érosion est plus importante que la somme annuelle de l'aide publique reçue. Sur une période de 39 ans, cette fuite a augmenté de 12%, sous diverses formes : prix de cession, corruption, baisse de contrôle de change, transferts unilatéraux des bénéfices, non-déclaration des revenus au fisc, etc. Les pays les plus affectés par cette fuite sont, entre autres ceux qui ont des économies dites émergentes et qui affichent le taux de croissance positive et durable. Il s'agit de l'Angola, l'Afrique du Sud, le Cameroun, la Côte d'Ivoire, l'Ethiopie, le Gabon, le Ghana, Madagascar, le Mozambique, le Nigéria, la République du Congo, le Soudan, la Tanzanie, la Zambie et le Zimbabwe. L'adhésion à l'Initiative pour la transparence dans les industries extractives (ITIE) depuis sa création en 2002 n'a pas solutionné la question de pillage et de détournement des ressources issues de cette industrie, en dépit des mesures de suspension de certains pays, comme la République Démocratique du Congo, durant plus d'une année.

L'ONG Global Financial Integrity, fournit quelques chiffres : Nigeria : 14,2 milliards de dollars de fuites annuelles moyennes, Afrique du Sud : 10,1 milliards de dollars, Égypte : 3,6 milliards, Soudan : 2,6 milliards, Côte d'Ivoire : 2,3 milliards), Éthiopie : 2 milliards, Zambie : 1,9 milliard), Togo : 1,8 milliards, Algérie : 1,5 milliards. Et le rapport Koffi Annan estime aussi que la RDC perd chaque année plus de 1 milliard de $ chaque année. Au total, les transferts des ressources hors l'Afrique sont de l'ordre de : 597 milliards de dollars EU à 1 400 milliards entre 1980 et 2009. Les flux financiers illicites et non enregistrés ont été aussi de l'ordre de 1 220 à 1 350 milliards de dollars EU entre 1980 et 2009, éclipsant les transactions financières enregistrées, selon le rapport de la BAD-GFI de 2013.

Section 4. La consommation de la classe moyenne

Les leçons de Keynes inspirent sans doute les commentaires sur le miracle africain. La consommation stimule l'offre dans les économies africaines affirment les spécialistes. Théoriquement une demande peut impacter positivement l'offre. Mais, d'où vient cette force de la consommation intérieure africaine ? Effets dus aux investissements publics dans des secteurs créateurs d'emploi ? Effets de propagation dus aux importations massives des biens à des prix meilleur marché ? C'est une évidence qu'un des facteurs porteurs de la croissance en Afrique, selon divers observateurs, serait le niveau de la consommation intérieure tirée par la classe moyenne. Mais c'est curieux que les experts en économie libérale, les monétaristes, puissent faire prévaloir la thèse de Keynes dans tous les cas ! On admet évidemment que le rôle de la demande dans la période de relance économique est important. Rappelons à ce sujet que les classiques et les néoclassiques ont cru, durant une longue période, que la consommation ne participait pas à la croissance. Celle-ci était le fait de l'investissement et de l'épargne.

Cette thèse n'est plus de l'heure. De Smith à Say on a appris que l'offre crée sa propre demande. Keynes est le premier à avoir compris que la faiblesse de la demande est susceptible de provoquer la crise de la surproduction. Il est reconnu aujourd'hui que l'acquisition des biens et des services pour une consommation finale est une source de croissance de la richesse. Car la demande peut créer aussi l'offre. Cette consommation suggère la répartition des revenus et l'amélioration du pouvoir d'achat. Elle a un effet accélérateur sur l'offre dans la mesure où sa variation à la hausse entraine plus que proportionnellement le volume et la qualité de l'investissement. La qualité de la demande signale aussi l'étendu du marché intérieur. Le rapport de l'ONU publié en juin 2013 précise à ce propos que « Entre 2008 et 2012, la part liée à la consommation dans la valeur totale générée par les projets d'investissement (création de capacités) est passée de 7 à 23 % ». C'est la preuve que l'Africain consomme ! Mais, allons plus loin avec le raisonnement. Quelle est la structure de cette classe et quelle est la composition de sa consommation ?

4.1. La structure de la classe moyenne

Oui, l'Africain consomme. Mais, que consomme-t-il et comment se compose cette classe qui contribuerait au miracle économique africain ? Dominique Darbon définit la classe moyenne comme celle comprenant « les populations en cours d'enrichissement et de l'ensemble des individus qui émergent de la précarité (c'est-à-dire qui satisfont de manière structurelle aux dépenses contraintes et disposent d'un revenu arbitrable minimal), sans être pour autant à l'abri d'un déclassement rapide ».[64] Les experts

[64] http://www.afrique-demain.org/economie-149-les-classes-moyennes-en-afrique,in Lettre de la Cade(coordination pour l'Afrique de demain), 2011-2012

de la Banque africaine de développement estiment le chiffre de 300 à 400 millions d'individus sur plus ou moins un milliard d'habitants, soit 34% de la population.[65] La projection de cette montée prévoit la croissance de 42% d'ici 2060. Il s'agit en fait des personnes qui dépensent entre 2 et 20 dollars par jour.[66] Le rapport établi par le cabinet McKinsey estime aussi que la population africaine devrait dépenser plus de 1,4 milliard de dollars en 2020 contre près de 860 millions en 2008 ».

Ce qui sous-entend que la classe moyenne va aussi s'accroitre. Celle de l'Afrique subsaharienne est estimée à 45 millions seulement sur les 300 millions d'Africains. Très intéressant pour les entreprises qui se pressent à la porte et lorgnent sur les gains futurs.[67] Le FMI participe aussi à ces estimations et projette d'ici 2016 un PIB moyen de 2000 dollars par habitant dans 22 pays subsahariens. Curieux n'est-ce pas ? Ces institutions ne s'intéressent pas à la répartition de cette richesse par tête d'habitant. Or, on le sait bien qu'elle est concentrée dans les mains de quelques couches aisées localisées dans les zones urbaines. Et le taux de précarité ne cesse de s'accroître dans ces mêmes villes africaines. Au Congo Kinshasa, il est noté que 60% de la masse monétaire totale du pays se situent dans la capitale. Donc, la classe moyenne, certes, existe, mais elle se localise dans

---

[65] Cette classe se situe principalement en Tunisie, au Maroc (84.5%), en Égypte (79.7%), en Algérie (76.6%) et au Gabon (75.4%)

[66] Selon crédit agricole, ces classes moyennes ont des revenus entre 2 et 10 USD par jour et par personne, loin de la "classe moyenne mondiale", pour laquelle on considère des revenus entre 12 et 50 USD par jour et par personne

[67] Global Retail Development Index (GRDI), l'édition 2013.

quelques quartiers des centres urbains. Pouvons-nous penser qu'elle permet aussi d'entrainer le développement des milieux ruraux du fait qu'elle augmente les gains de productivités et agit sur les activités agricoles en milieu rural ? C'est possible. Mais, l'écart des revenus ne cesse de se creuser entre campagnes africaines et villes. Ceci est la cause de l'exode rural et de l'immigration clandestine vers les régions (pays voisins). Au début du mois de novembre 2015, une conférence africaine sur la croissance et la réduction de la pauvreté s'est tenue à Kinshasa. Il s'agit de la 11ème édition ! Et le questionnement reste le même : comment concilier croissance et réduction de la pauvreté ? Les propositions données depuis plus de 10 ans ne trouvent toujours pas le chemin de leurs applications. Les pauvres africaines s'appauvrissent, les riches s'enrichissent !

4. 2. La composition de la consommation

Telle est le nœud de notre problématique. Cette interrogation fait référence également à l'origine de l'offre des produits consommés en milieu urbain par la classe moyenne africaine. D'où viennent ces produits et comment cette consommation participe à la croissance et à l'émergence des économies nationales. En vérité, la nouvelle classe moyenne consomme le vin, le parfum, le cuire, le costume, la cravate, le sandwich, les produits de luxe (Vuitton, Zara, Gucci), les frits. Elle roule dans des jeeps d'occasion, tout terrain importés du Japon, construit les flats et les villas sur les hauteurs de grandes agglomérations avec des vitres et ciment importés. Elle visite Londres, Paris, Pékin, N. York. Elle dispose de derniers modèles de téléphones mobiles. Elle achète des fruits dans des supers marchés huppés. Elle écoute la belle musique hip hop. Elle fréquente les salles de cinéma, accède à l'internet, s'abonne à l'antenne satellite canal horizon, dispose de réfrigérateurs, accède aux services financiers traditionnels, fréquente les plages ; elle boit la Heineken, le champagne made in France. Pas mal ! A combien coute une telle consommation et à qui elle profite davantage ? Une consommation qui creuse le déficit de la balance commerciale est-elle profitable à l'économie nationale ?

Cette troisième préoccupation est liée à la logique des avantages et à la solvabilité des consommateurs. Notons que théoriquement, une importation à bas prix fait le bonheur du consommateur, surtout dans la mesure où l'offre locale fait défaut. Mais, la consommation reflète la taille du marché en termes de pouvoir d'achat. D'où une question secondaire : d'où vient le revenu dépensé par la classe moyenne. Celui-ci est-il courant ou permanent ? Il s'agirait, en croire les experts occidentaux, d'une classe moyenne solvable. Si c'est vrai, comment se répartit ce revenu dans l'espace territorial africain ? Les statistiques démontrent que la montée de la classe moyenne en Afrique se concentre essentiellement dans 10 pays.[68] Mais, encore faut-il qu'elle soit solvable d'une manière permanente. Or, cette solvabilité africaine est souvent courante. Autrement dit, les dépenses de cette classe sont dues à l'effet d'imitation, de snobisme et de démonstration.

[68] 81% de la consommation privée est concentrée en 2011 seulement sur dix pays des 54 pays du continent: Afrique du Sud, Algérie, Angola, Egypte, Ghana, Kenya, Maroc, Nigeria, Soudan et Tunisie.

Exemple, au Congo Kinshasa, on appelle ironiquement cette nouvelle classe : « les nouveaux riches ».

Les anciens sont ceux issus de l'ancien régime politique ; ils se remarquent par quelques signes distinctifs : logent dans les villas des communes de Ngaliema, de Gombe, etc. ; leur appartenance (anciens et nouveaux) à la majorité politique au pouvoir ; les voyages à l'étrangers, les repas dans les hôtels de luxe, les voitures fumées. C'est le « Pouvoir » avec P majuscule qui les élève au rang des riches. Mais derrière les murs des villas protégés à l'intérieur desquels vivent les anciens riches, que reste-t-il de richesse ? Un peu d'amertume d'avoir rejoint les pauvres d'hier aussitôt que la source de la richesse tarit. Il suffit qu'on soit éjecté des « affaires politiques » afin qu'on rejoigne les rangs des pauvres. « Je ne suis plus aux affaires », répondent les anciens riches. Phénomène éphémère, cette classe est mouvante ! C'est davantage une classe qui n'émane pas du monde des affaires florissant, mais du pouvoir politique prédateur qui la fabrique. A ces politiciens s'ajoutent alors les fonctionnaires œuvrant dans des services spécialisés de l'Etat, services régénérateurs des recettes qui procurent les sous ; s'ajoutent aussi les cadres œuvrant dans des entreprises publiques qui offrent un salaire élevé, fort supérieur au taux de leur productivité. La classe se compose aussi des « honorables députés dont les émoluments s'élèvent à plus ou moins 8 mille dollars par mois, des Excellences Messieurs les ministres du pouvoir central et provincial, des Généraux et Colonels de l'armée et de la police nationale qui vivent en connivence avec certains milieux mafieux, des directeurs généraux de la fonction publique. Voilà la crème constituant la nouvelle classe dite moyenne. S'y ajoutent aussi les cadres des entreprises multinationales (mines, travaux publics, téléphonies mobiles, transport multimodal), les cadres et employés des banques locales et internationales. C'est aussi celle des professeurs d'université, des magistrats et des trafiquants des métaux précieux (opérateurs économiques), des importateurs des produits qui font les navettes entre l'Asie et l'Afrique, des pasteurs des églises de réveil, des avocats et leaders des ONG (société dite civile).

En somme, le pouvoir politique africain est l'incubateur principal de cette classe. Au Congo Kinshasa, la politique, dit-on, est le principal pourvoyeur de l'emploi. On compte de centaines de partis politiques, comprenant des milliers de cadres à l'affut de hautes sphères du pouvoir. Les journées sont occupées par des réunions, des séminaires, des discussions et des chicaneries qui procurent aux participants l'espoir de devenir Excellences ou Honorables (titres donnés aux ministres et aux députés en République Démocratique du Congo). Ainsi, il faut observer les révérences aux « Autorité morale », fondateurs des partis. Elles ont, seules, le privilège de distribuer le pouvoir. Mais pour quels objectifs ? La prébende, la prédation ! La politique est une voie autorisée d'enrichissement sans cause. Les signes distinctifs pour toute la classe moyenne sont : « la culture de l'ostentation, du spectacle consumériste, de prolifération des gadgets symbolisant la réussite sociale ».[69] En moyenne, elle dé-

---

[69] Jean Nanga, Ce qu'il faut savoir sur l'Afrique et ses croissances, in *www.Africadiligence.com*, mai 2013

pense, comme l'indique le rapport de la banque africaine de développement, plus ou moins 10 dollars par jour. Mais c'est une classe instable qui vacille entre précarité et aisance ; c'est aussi celle de l'économie informelle.

4.3. Les effets sur l'offre nationale

Cette consommation peut-elle entrainer la hausse de l'offre nationale, un investissement induit par la demande, dans la mesure où la qualité des produits qui intéresse la classe moyenne dite stable en Afrique est quasi importée ? Les gains de la consommation des produits importés reviennent avant tout aux firmes exportatrices qui profitent de la demande africaine. Dans ce cas, les Africains ignorent le protectionnisme curatif. Et même si celui est envisagé, encore faut-il qu'il y ait une économie locale à protéger. Parce que l'offre locale n'existe pas, la classe moyenne africaine participe activement à son insertion dans l'économie globale. L'Afrique devient dès lors et en réalité le théâtre où rivalisent, à travers l'extraversion, les scènes de la « pauvre » émergence. C'est une émergence plus ou moins vicieuse qui tire ses origines dans l'appât tendu par les économies expansionnistes d'Asie, de l'Europe et de l'Amérique.

La libéralisation des échanges commerciaux apparait ainsi comme une source de la pauvreté africaine. Les multinationales à l'assaut de la demande africaine en tire le taux de profitabilité. La comptabilité nationale établit l'évolution de la croissance nationale et met au compte la richesse créée, la valeur de la consommation, mais qui est en fait transférée ensuite à la source de sa production ;

vers les firmes prédatrices qui s'en accaparent et laissent aux comptes nationaux africains les seuls chiffres comptabilisés. On est en présence d'une illusion de la richesse créée induite par la consommation de la classe moyenne. Aujourd'hui, il est bien évident que les firmes qui tirent profit de la consommation en Afrique sont indiennes, chinoises, brésiliennes, américaines, européennes.[70] Il s'agit, notamment de : Nestlé, Danone, Walmart, Valartis Group, Bab Ezzouar, Electrolus, Olympic group, Shoprite, Pep Store, Vodacom, Sony, Nokia, les équipementiers chinois ZTE et Huawei, de banques privées, etc. L'Afrique du Sud membre de Brics rejoint ces pays et étend ses magasins de distribution avec plus de 150 supers marchés à travers le reste du continent. La chine fournit plus 10,8% des importations africaines en 2008, contre 2,2% quinze ans plus tôt.

Cette part augmente chaque année.[71] L'importation des produits manufacturiers est de l'ordre de 94,7% du total des importations africaines. Tandis que les investissements chinois en Afrique visent : le pétrole, les minerais, le bois, les terres agricoles et les travaux publics. Nous ne cessons de le dire, la Chine n'invente pas un nouveau capitalisme à visage humain en Afrique. Elle exporte les produits bas prix vers la nouvelle clientèle, en tire les dividendes et transfert ses avoirs vers les places fortes (Asie, Amérique du Nord et Europe) où se négocient les titres financiers.[72]

---

[70] Lin Yue, observations sur le commerce sino-africain des marchandises, in Outre Mer, 2011

[71] Les exportations en 2012 ont connu une hausse de de 7,9%. Cette hausse correspond à une explosion du l'excédent commercial de l'ordre de 231,1 milliards de dollars, soit 48% d'augmentation par rapport à 2011.

[72] Jean-Louis Martin et Noussoeu Bih, La Chine et l'Afrique, partenaires et concurrent, in glabalix.fr, 2011

Dans mon enseignement de théories économiques de développement, je ne cesse de répéter aux étudiants de vérifier le contenu de leurs couvercles lors des repas. En milieux urbains, les fruits, les légumes, le poisson, la viande ; le riz, l'huile, le sel, la tomate, les ognons, les fourchettes, les gobelets, y compris la cure dents, tout est importé !

4.4. Que dire de la classe précarisée ?

Celle-ci peut être définie comme l'ensemble des populations vivant dans la précarité, en dessous du seuil de la pauvreté. La banque a relevé le niveau. Est pauvre, l'individu qui dépense moins de 1,9$ par jour. Cette catégorie est majoritaire dans les villes et dans les campagnes. Dans les villages et dans les taudis des périphéries urbaines, la misère est visible. La pauvreté plane partout et les remèdes sont loin d'être envisagés dans la mesure où les pauvres s'appauvrissent et les riches qui tirent leurs revenus de prébende et de prédation s'enrichissent. En milieux ruraux, la classe moyenne imite aussi celle des villes. Elle suffoque, tente de nouer les bouts du mois en consommant les produits importés.

Elle suit la nouveauté ; reste à l'écoute, envie et tente d'imiter. Elle rêve de quitter les villages obscurs et d'immigrer un jour dans la ville la plus proche, à la recherche du bien-être. Elle se fatigue de la routine et s'imagine le monde merveilleux en milieux urbains. Celle de la ville grossit pourtant les bidonvilles, s'entasse dans les guettons et s'adonne à la criminalité pour nouer les bouts du mois. Ainsi, pouvons-nous affirmer que s'il y a émergence urbaine due à la classe moyenne, elle est anti-pauvre ; c'est-à-dire, non inclusive ?

A la question de savoir comment l'émergence peut devenir pro-pauvre, un expert répond[73], membre du cabinet Matata : « il faut un temps ; la Chine a eu un parcours de trente ans ». Donc, les effets ne peuvent être attendus d'office. La croissance se concentre d'abord dans les cercles restreints ; ensuite, elle se répand au fur et à mesure (théorie de Kuznets).[74] Cette possibilité est envisageable dans le cas où il y a redistribution du revenu par la création de l'emploi et la politique providentielle. Or, ni l'emploi, ni la providence, les deux ne sont pas envisageables en Afrique ce dernier temps.

Pour se faire une idée, quelques chiffres fournis par Parceval en constituent une preuve : « Au sud du Sahara, 400 millions de personnes (la moitié de la population) disposent toujours de moins de 1,25 dollar par jour pour vivre. Certes, ce pourcentage est en diminution : 70 % en 2000, 65 % aujourd'hui. Mais l'espérance de vie (55 ans) reste inférieure de 24 ans à celle des pays de l'OCDE. Plus de 50 millions d'enfants ne sont pas scolarisés. La moitié de la population à moins de 25 ans. Le chômage massif touche la jeunesse : 200 millions de personnes, 60 % des chômeurs du continent, sont des jeunes Africains de 15-24 ans ! Il la renvoie dans le secteur informel, qui continue

---

[73] Il s'agit de la réponse donnée par le Directeur du cabinet adjoint du Premier Ministre Matata Ponyo, lors de sa conférence tenue à l'Université catholique du Congo en Novembre 2015,

[74] Selon Kuznets, il y a évolution des inégalités au début de la croissance, en courbe de cloche ; cette évolution se réduit au fur et à mesure que le travail permet la redistribution du revenu à long terme.

d'assurer plus de la moitié des emplois. La tentation de l'émigration et des activités illicites est toujours présente ».[75] Les économies africaines tirent-elles profit de la consommation de cette classe moyenne ? Sur 54 pays, 11 ont un niveau assez élevé. Les autres, soit 33 sont en dessous du seuil.[76] Les experts de la BAD affirment dans leurs perspectives économiques que : « Les années 2013 et 2014 étaient prometteuses : elles confirment tant sa résilience face aux chocs internes et externes, que son rôle comme pôle de croissance dans une économie mondiale atone. En 2013, l'économie de l'Afrique devrait croître de 4.8%, puis de 5.3% en 2014 en moyenne. Mais, en 2015 l'optimisme a cédé place.

Le choc externe a eu raison. La baisse des prix des matières premières, dont les produits pétroliers, a entrainé la chute de la croissance dans beaucoup de pays. Et même si croissance il y a, les différents rapports notent que celle-ci (croissance) ne suffit pas à réduire la pauvreté, le chômage, les inégalités de revenus ni, dans certains pays, à enrayer la détérioration des niveaux de santé et de l'éducation ».[77] N'oublions pas que les experts défendent leur pain. Les rapports publiés accompagnent le souci de prouver que le travail accompli est parfait. Les regards doivent aller au-delà et scruter les réalités avec exactitude.

---

[75] Perceval, Afrique, les défis de la classe moyenne, in http://fortune.fdesouche.com, 2014

[76] Le seuil de pauvreté est conventionnellement fixé à 60 % du revenu médian. Quant à l'intensité de la pauvreté, elle se mesure par l'écart (en %) entre le revenu moyen des ménages pauvres et le seuil de pauvreté.

[77] http://www.undp.org/content/undp/fr/home/presscenter/pressreleases/2013/05/27/natural-resources-can-fuel-africa-s-economic-transformation-sustainable-development-rests-on-diversification-and-investments-in-human-capital-.html

Nous l'avons déjà dit plus loin que la consommation africaine ne stimule pas l'offre en Afrique. Revenons à cette discussion. Dans la composition du PIB on trouve certainement la part de la consommation. Mais combien de fois, cet indicateur n'est plus de mise lorsqu'on doit évaluer la vraie création de la richesse nationale ainsi que sa répartition au niveau des couches de la population ? Combien de fois il a été dit que cet indicateur ne donne pas des informations fiables sur la santé nette de l'économie nationale ? Nombreux économistes sont unanimes sur le fait que la meilleure mesure de la richesse nationale créée au cours d'une période est le PIN(produit intérieur net) ou le PNN(produit national net). Imaginez un pays qui réalise plus de 7% de croissance annuelle, alors que cette progression ne porte que sur 15 milliards de richesse totale !

C'est le cas de la République démocratique du Congo dont le budget annuel ne dépasse pas 4 milliards de dollars, excepté l'aide extérieure ! Imaginez aussi qu'un pays réalise un PIB ou un PNN de 8% par an, alors que le revenu net disponible ne représente que 2% de cette croissance ! Imaginez qu'un pays fasse une croissance de 2%, mais sur un PIB valant des milliards de dollars. Comparer cette croissance avec celle d'un pays qui réalise 8% de 20 milliards de PIB ! Cette consommation participe-t-elle à la croissance ?

C'est possible, la consommation participe à créer la richesse nationale dans la mesure où les dépenses contribuent à stimuler l'offre et permettent de canaliser un taux important de la valeur ajoutée vers le trésor public et vers les valeurs ajoutées des autres agents économiques. Elle peut aider dans la mesure où elle alimente l'offre nationale et tire les entreprises vers le haut en répondant à la demande. Ce qui suppose la création de l'emploi et l'augmentation de l'investissement productif. Mais, lorsque la consommation de la classe moyenne africaine participe à l'extraversion, en quoi elle s'avère une composante des stimulants de la création supplémentaire de la richesse ? Les expériences démontrent que du fait de l'absence des entreprises privées locales s'impliquant de manière formelle dans la création de la richesse, les firmes étrangères qui fournissent les biens de consommation par importation récupèrent leurs revenus à travers divers mécanismes : prix de cession, transferts des dividendes, évasion fiscale.[78] Ces pratiques étant facilitées par les accords bilatéraux d'investissement, elles laissent les pays africains ouvrir les portes à la fuite des capitaux vers les paradis et vers les filiales étrangères. Par ailleurs, dans nombreux Etats, les grandes surfaces et les magasins de gros n'établissent pas de factures. Les clients ne sont pas exigeants. Les marchés publics qui sont prisés par les grands groupes des travaux publics (étrangers) ne sont pas soumis à l'appel d'offre.

C'est le gré à gré qui domine et permet les commissions souterraines. Ces entreprises entreprennent des travaux dont la visibilité au niveau de la comptabilité nationale est inaperçue. L'amortissement qui est déduit du PIB donnerait un indicateur exact de la croissance des économies africaines. Il ne suffit pas de calculer le PIB marchand

[78] Robert Ginésy, http://www.afrique-demain.org/economie-100-croissance-forte-epargne

ajusté pour l'inflation et d'en tirer les conclusions, mais de tenir compte de ce qui reste réellement profitable à l'économie lorsque l'amortissement, les transferts des profits, les diverses rémunérations, les versements des dividendes et des intérêts, les réserves pour l'investissement futur sont soustraits. Encore faut-il qu'il y ait réinvestissement ! Si nous tenons compte de ces calculs de transfert des richesses vers l'extérieur, il ne reste pas grand-chose dans les caisses des pays africains. Le niveau de la consommation intérieure dans nombreux pays n'est qu'un indicateur apparent. Le mirage dessiné par les statistiques est une trompe l'œil. Le cas de l'Afrique subsaharienne mérite d'être évoqué en chiffre à travers les données ci-dessous fournies par le PNUD. Riche en ressources naturelles, c'est aussi la sous-région la plus pauvre de l'Afrique, classée à la queue des autres continents.

Les chiffres de l'observatoire des inégalités indiquent : que « le nombre de personnes extrêmement pauvres continue d'y augmenter, passant de 288 millions en 1990 à 389 millions en 2012 en Afrique noire. De nombreux pays de cette région présentent des taux très élevés, à l'instar de la République démocratique du Congo, du Burundi (77% chacun) ou encore de Madagascar (82%). Au Nigéria, qui représente 20 % de la population d'Afrique subsaharienne, un peu plus d'une personne sur deux (53 %) vit avec moins de 1,90 dollar par jour. »[79]

[79] Observatoire des Inégalités, 30 octobre 2015

Figure 7. Indice de développement humain en Afrique

Continent	IDH 2013
Monde	0.702
Développement humain très élevé	0.890
Développement humain élevé	0.735
Développement humain moyen	0.614
Développement humain faible	0.493
Afrique subsaharienne	0.502
États arabes	0.682
Asie de l'Est et Pacifique	0.703
Asie du Sud	0.588
Amérique latine et Caraïbes	0.740
Europe et Asie centrale	0.738
Pays les moins avancés	0.487
Petits États insulaires en développement	0.665

Source : Programme des Nations Unies pour le développement (PNUD), 2013

Outre ces données de l'Observatoire, la Banque mondiale constate aussi qu'en 2015, 49% des populations vivant avec moins de 1,9$ par jours sont en Afrique, soit la moitié des pauvres du Monde évaluée à 700 millions d'habitants. Comparée au reste du monde, le continent noire détient le taux record des pauvres, soit : 47, 5% (Afrique subsaharienne, 36% (Asie du Sud), 14,3% (Pacifique), 6, 5%(Caraïbes° et 2,7% Moyen-Orient et Afrique du Nord).[80] Ceci revient à dire que la classe moyenne africaine solvable, plus de 300 millions des consommateurs africains vivant principalement dans les grandes agglomérations urbaines, participent au réseau de la globalisation et constituent un maillon de la chaine qui permet de consommer étranger et de transférer vers l'étranger les revenus du travail réalisés dans les filiales des multinationales ou dans les entreprises nationales (souvent publiques) et dans la fonction publique (où le revenu est tiré de la corruption, de détournement et de pillage).

Comment vivent plus de 70% de la population rurale en Afrique ? Sans doute, ils survivent avec moins de 1$ par jour. Ils n'ont pas accès aux soins de santé, ils n'ont pas un logement décent, ils n'ont pas accès à l'éducation, ils se nourrissent de miettes de pain sec, ne peuvent boire de l'eau potable ni s'habiller dignement. Le rapport relatif au développement humain publié chaque année par le PNUD en est un témoignage éloquent. Les maladies jadis disparues réapparaissent. Les enfants de la rue sont laissés à la merci de tous. Les jeunes désœuvrés vivent de la mendicité et errent dans les rues, sans espoir de lendemain ! Le nivellement de niveau de vie se fera-t-il demain ? Mais, avec quelle richesse ? Celle créée par l'économie extravertie ? Keynes n'encourage-t-il pas les restrictions aux importations en vue d'encourager les capacités locales de production et de création d'emploi !

L'apport de la classe moyenne africaine à la croissance apparait ainsi modeste dans la mesure où les effets multi-

[80] Observatoire des Inégalités, 30 octobre 2015.

plicateurs de cette consommation sur l'économie nationale ne sont pas notoires. Les effets « tunnel » ne sont pas escomptés. Comme le souligne Mario Pezzini. « Bien que leurs niveaux de revenus soient supérieurs au seuil de pauvreté, ces classes moyennes demeurent souvent vulnérables. Leurs caractéristiques en termes d'emploi (poids du secteur informel), d'éducation (faible taux de diplômés de l'enseignement supérieur) et de consommation ne correspondent pas aux conceptions traditionnelles d'une classe moyenne capable de tirer la consommation intérieure et la croissance ». Citant un exemple, il précise : « En Bolivie, au Brésil, au Chili et au Mexique, 44 millions de travailleurs des classes moyennes travaillent dans le secteur informel, soit plus de 60 % des 72 millions de travailleurs des classes moyennes. Dans ces conditions, les systèmes de protection sociale ne peuvent atteindre ne serait-ce que la moitié de ces travailleurs, le taux de couverture des travailleurs du secteur informel étant extrêmement faible : inférieur à 15 % au Brésil, au Chili et au Mexique, et négligeable en Bolivie. »[81] Ces exemples révèlent le cas de l'Afrique. La demande des biens finis, bien que forte, concerne les produits importés : farine de blé, riz, haricot, huile, ciment, lait en poudre, volaille, viande congelée, poisson, aliment pour bébé, textile, café en poudre, chaussure, automobile, téléphone, matériaux de construction, bricolage, voyage, produits cosmétiques, informatique, électroménagers, etc. Rien n'étonne ! Les projections faites par le cabinet « Mckinsey » sur l'importance de cette classe constituent un appel aux industriels occiden-

---

[81] www.Observateur.org,2012

taux de s'approprier cette opportunité afin d'en tirer assez de profits.

Il n'est donc pas possible de mesurer l'importance de cette forte demande de la classe africaine sur la croissance des économies à long terme. L'émergence dont il est question dans nombreux rapports, répétons-le, est le résultat de la ruée des multinationales sur les marchés des matières premières, sur les télécommunications et sur les travaux publics. Son profil (de l'émergence africaine) diffère de celui de l'Inde, de la Chine, du Brésil où la maîtrise des capacités locales de production et de l'intégration dans la globalisation est éprouvée.

Ce qui revient à dire que l'émergence asiatique et sud-américaine insert les pays africains dans une nouvelle relation de dépendance au sein de laquelle les multinationales profitent des matières premières, creusent le déficit des balances des paiements (forçant les importations des produits à bas prix, transfèrent le gros des profits vers les maisons mères ou les autres filiales en réduisant les niveaux des réserves) et investissent davantage dans la triade (Asie, Europe, Amérique du Nord) considérée comme zone de prospérité financière.

Cette consommation reste par ailleurs très limitée à quelques pays. En effet, notons que 81 % de la consommation dont il s'agit concerne 10 pays sur 54. Il s'agit de l'Afrique du Sud, de l'Algérie, de l'Angola, de l'Égypte, du Ghana, de Kenya, de Maroc, de Nigeria, du Soudan et de la Tunisie. Ces pays sont aussi classés parmi ceux ayant un meilleur indice de performance énergétique. Ces pays sont aussi ceux qui attirent le plus d'investissement étranger direct. En somme, si nous établissons une comparaison, nous pouvons savoir ce que représente en termes de pourcentage cette classe africaine. Selon Mathieu Pellerin : « Sur le continent, ce moteur de l'émergence reste malheureusement embryonnaire. À ceux qui prédisent que l'Afrique est sur le point de devenir la nouvelle terre de consommation, la Brookings Institution apporte quelques projections éclairantes. En 2030, près des deux tiers de la classe moyenne mondiale vivront dans la région Asie-Pacifique, 10 % environ en Amérique centrale et du Sud et 2 % seulement en Afrique subsaharienne ».[82]

Une autre très sérieuse conduite par Bernard Lugan démontre, avec chiffres, que la classe moyenne africaine n'existe pas. En fait, elle existe, mais elle peut être estimée, vraisemblablement à 70 millions d'habitants.[83] Prenant en compte la population des pays tels : le Nigéria, l'Egypte, le Ghana, la Côte d'Ivoire, l'Afrique du Sud et le Maroc, il note que la tranche des individus vivant avec plus de 2$ par jour n'atteint pas plus 50 millions. Or, c'est dans ces pays où l'on note le niveau élevé des revenus.

Section 5. L'entrepreneuriat africain

Comme on peut le constater, le rêve de l'émergence économique fascine les dirigeants. Ils se félicitent de la croissance de leurs PIB respectifs et projettent des horizons radieux. Mais ces taux dus essentiellement aux mul-

[82] http://www.ambusinessmagazine.com/posts/post/80

[83] Bernard Lugan, La classe moyenne n'existe pas en Afrique,inhttps:// francais.rt.com/opinions/7857, 5/10/2015

tinationales minières et agro-alimentaires soulèvent des interrogations relatives aux conséquences des chocs liés aux tendances des marchés des matières premières. Durant plus d'une décennie, les prix sont restés stables ; ils sont aujourd'hui en zigzag. Le miracle africain tient au bout des ficelles. Une moindre tension entrainant une distorsion des prix mondiaux impacte négativement la santé actuelle des économies. Elles demeurent fragiles. A ce propos, l'éclosion de l'entrepreneuriat serait le souhait ardent qui puisse compenser cette fragilité et donner lieu à la naissance des économies nationales moins dépendantes. Cette éclosion permettrait de jeter une véritable base des économies introverties. Mais le constat à ce propos est déplorable. Il y a peu d'initiatives et beaucoup de crainte des risques.

5.1. Le nombre limité des entrepreneurs nationaux

Qu'est-ce un entrepreneur ? Nombreux africains croient l'être. Ils se donnent eux-mêmes ce titre. Mais comment distinguer un entrepreneur d'un simple marchand ? Joseph Schumpeter définit l'entrepreneur comme « celui qui innove et qui prend le risque de déplaire à la société en brisant la routine et les usages. L'entrepreneur est beaucoup plus qu'un chef d'entreprise, simple administrateur ou gestionnaire. Il est beaucoup plus qu'un rentier-capitaliste, simple propriétaire des moyens de production. L'entrepreneur se comprend, suivant I. Kirzner, comme celui qui exerce naturellement la faculté de vigilance individuelle, permettant la découverte, avant d'autres individus, d'occasions de pur profit, c'est-à-dire de besoins individuels insatisfaits ».[84]

La classe des entrepreneurs se subdivise en trois catégories : les industriels, les petites et moyennes entreprises et les artisans. En Afrique, existe-t-il une classe d'entrepreneurs ? Au regard de la définition de Schumpeter, les industriels sont comptés sur les bouts des doigts dans ce continent. Il en existe dans quelques pays, notamment en Egypte, au Nigéria, en Afrique du Sud, au Ghana où des millionnaires ont amassé des sommes d'argent dans l'agro-industrie (coton, caco, ciment, café, thé), la grande distribution et l'hôtellerie. Mais pour les autres secteurs, la moisson est maigre. On ne compte pas en Afrique, des biens d'équipement fabriqués localement ; on n'y compte pas des usines chimiques, pharmaceutiques, cosmétiques, électroniques. On ne compte pas plus de dix Africains dans la construction navale, dans la sidérurgie ou dans la construction métallique. Qu'on se rappelle encore cette phrase de Senghor : « La raison est hellène tandis que l'émotion reste nègre. Demeure-t-elle d'actualité ? Oui. On n'y compte pas des usines de lait, de chocolat, de confiture, de jus des fruits propriétés des Africains eux-mêmes. On ne compte pas en Afrique, des unités de pêche à grande échelle, on ne compte pas encore des usines de distillation, œuvres des nationaux. Dans le transport, les tentatives de création des compagnies d'aviation ont échoué. Aucun Africain n'est propriétaire des bateaux sur la voie maritime transnationale. La petite industrie légère cédée aux nationaux par la voie d'expropriation n'a pas

[84] Hicham El Moussaoui, Juin 2014

fait long chemin. Plusieurs d'entre les acquéreurs ont fait faillite. A ces jours, l'Afrique tend la main aux investisseurs étrangers. Les codes des investissements les plus avantageux sont en Afrique. Ils invitent l'étranger, le financier, le banquier, à tout apporter. A défaut, l'Africain tend la main à la coopération, à l'aide au développement.

Que dire de la petite et moyenne entreprise ? Celle-ci regroupe les entrepreneurs syndiqués en classe moyenne. Elle peut être définie comme l'ensemble des personnes qui contribuent à créer les petites et moyennes entreprises dont le chiffre d'affaires n'excède pas plus de 100 mille $. Le niveau de l'emploi est également très limité, de même que l'accès au financement bancaire. Dans certains pays, ces initiateurs forment les Unions des classes moyennes. Ils se définissent ainsi par rapport aux regroupements des grands industriels.

Vu sous cet angle, on peut se poser la question de savoir si cette classe participe réellement à la création de la richesse en Afrique. La réponse est oui. Il existe des Unions regroupant les petites et moyennes entreprises. Mais, l'apport de ces entreprises de petite taille n'est pas saisissable en Afrique. Il est ainsi difficile d'estimer en termes de création de l'emploi, de la paie des impôts et taxes, de l'épargne et investissement. Dans ces conditions, comment évaluer l'apport de cette catégorie dans la création de la richesse nationale ?

L'esprit d'entreprise demeure donc très faible et cette classe moyenne se compose davantage des personnes à la recherche de l'emploi et qui s'adonnent à de petites activités de survie. A ce jour, la petite épargne réalisée par certains va à la construction des hôtels, des salles de fête, des restaurants, de petits locaux à louer, les salons de coiffure, des agences de voyage, des vitrines des produits importés (bricolage, appareils électroménagers, textile, habillement, chaussure, bijoux,) qui inondent les rayons (distribution), la vente des véhicules d'occasion, l'entretien des plantations du café, du thé, de cacao. On assiste également à la prolifération des débits des boissons, à l'ouverture des chambres froides pour des vivres frais importés de l'Europe (volaille, le porc, le poisson et la viande surgelée). Ici et là il y a de petits ateliers artisanaux de réparation des appareils électroménagers, des garages, de fabrication des peintures, des chaussures, des ateliers de couture, de petits moulins à manioc, des ateliers de pacotille où l'on apprend le petit bricolage. Certains tentent l'aventure, sans succès dans le tourisme, les voyages et les banques et l'intermédiation financière (agences des transferts des fonds), le courtage et la sous-traitance.

Quelques analyses consacrées aux startups affirment que l'Afrique est l'el dorado de demain. Ces études font référence au Silicon Savannah, au Fablab, au Business School, aux instituts de management, aux Business Club of Africa, aux économies numériques, etc., que l'on note dans quelques pays. S'il est vrai que les jeunes tentent de se lancer dans ces aventures numériques, il est aussi vrai que les difficultés ne manquent pas. L'accès au financement fait défaut, le commerce numérique est encore un luxe réservé à une minorité. Le recensement fait par le Journal le Monde signale 14 Startups qui tiennent la route dans toute l'Afrique.[85]

Nous pouvons affirmer que le rendez-vous de l'émergence africaine est encore proche de la cueillette, de ramassage et de l'expédition du « brut » vers l'Asie et l'Occident. Les unités de production et de transformation des produits vivriers, des grands élevages, des textiles, des produits végétaux, de bois, des minerais, des produits cosmétiques, des articles électroménagers ou des industries de haute technologie manquent en Afrique. Quelques rares unités que l'on compte dans certains pays africains sont l'œuvre des sujets indo-pakistanais, des Chinois et des Européens. Les initiatives propres aux nationaux se font encore attendre longtemps. Pour quelles causes ?

5.2. La prédominance de l'informel et de l'artisanat

En lisant la revue Forbes, on se rend aisément compte que les figures des hommes riches africains ne sont pas dans la chimie, dans l'équipement, dans l'acier, dans la pharmacie, dans le textile, dans la construction mécanique,

[85] - Obami, la plate-forme pour apprendre autrement, Cardiopad, la tablette imaginée pour sauver des vies- Harass Map, porte-voix numérique pour combattre le harcèlement sexuel- M-Pedigree, le téléphone portable, rempart aux faux médicaments - MapKibera, la carte pour rendre visible les invisibles- BRCK, la petite boîte pour être connecté sur toute la planète- M-Kopa capte le soleil pour éclairer les foyers africains- M-Farm, des SMS pour redonner du pouvoir aux petites exploitations- Icow, le conseil agricole au bout des doigts- Sense Ebola Follow up, le numérique pour contrer la pandémie - Ared, des kiosques mobiles pour connecter la population- M-louma, première bourse agricole sénégalaise en ligne- Afate 3D Printer, l'imprimante 3D qui recycle les déchets électroniques

dans l'électronique industriel, dans l'industrie alimentaire. L'implantation des filiales étrangères ayant des effets de remous en aval et en amont est encore timide. A titre d'exemple, les entreprises chinoises sont présentes dans quelques branches et implantent des usines de cuir, des textiles, de l'électroménager, du tabac, de l'électronique, des équipements de transport, de matériels de construction, de ferronnerie, de traitement du bois, de l'aciérie et métallurgie et de mobilier.[86] Il résulte de cette description que la part importante de l'économie africaine est informelle. Les villes (quelques quartiers) sont insérées dans la globalisation, tandis que les campagnes drainent encore dans les traditions.

L'économie informelle est estimée à plus de 70% dans certains pays (cas de la République démocratique du Congo).[87]Les conséquences sont connues : conditions de production précaires, non-accès aux principaux services publics nécessaires à toute exploitation viable d'une entreprise (eau, électricité, téléphone, infrastructures indispensables), absence des stocks et des réserves financières, des difficultés d'approvisionnement régulier en matières premières, main-d'œuvre recrutée sur des critères familiaux et

---

[86] Les marchés émergents de l'Afrique, analyse du service canadien du commerce, juin 2011

[87] Une étude réalisée par la BAD indique plusieurs causes qui justifient l'éclosion de cette économie : Impôts et taxes que doivent payer les entreprises enregistrées, 25 % Difficulté à obtenir des informations sur la marche à suivre pour s'enregistrer, 23 % Frais associés aux procédures d'enregistrement, 16 % L'enregistrement n'induirait pour moi aucun avantage, 15 % Temps nécessaire pour réaliser les procédures d'enregistrement, 9 % Pots-de-vin que les entreprises immatriculées doivent verser, 6 % Autre, 4 % Risques d'inspections et de rencontres avec les autorités publiques, 2 %

ethniques, les méthodes archaïques de gestion, l'absence des facilités d'écoulement des produits, la lourdeur administrative, le non-accès aux financements privés ou publics, le manque des incitations publiques.[88] Les grandes entreprises de production et qui furent nationalisées jadis sont vieilles de 60 voire 70 ans. Elles ne sont pas recapitalisées malgré des réformes encouragées par la Banque mondiale.

Elles ne contribuent en rien au financement des dépenses publiques. Par contre, elles bénéficient des aides et des subventions qui pèsent sur le trésor public. Leur niveau de production frôle la faillite. Les arriérés des salaires de plus de 10 ans ne sont pas honorés faute de ressources. Le personnel continue à marquer sa présence dans des locaux poussiéreux en croisant les bras. Exemple, la société de chemin de fer, celle de l'électricité, la société nationale d'assurance, la société de transport aérien, etc., en République Démocratique du Congo sont devenues des coquilles vides qui refusent de disparaitre. Une étude réalisée en 1990 dont le contenu reste d'actualité révèle qu'aujourd'hui, de très nombreux experts, en particulier appartenant aux organisations internationales d'appui et de financement du développement, s'accordent à dire que la situation de l'entreprise en Afrique noire est particulièrement grave, spécialement dans la sphère francophone.

Des désinvestissements massifs se sont produits tant dans le secteur public que dans le secteur privé. La dyna-

---

[88] Hicham El Moussaoui, Les africains ne serait-ils pas faits pour l'entrepreneuriat?, in www.huffpostmaghreb.com, janvier 2014.

mique née du maillage économique n'est pas apparue et on assiste souvent à une baisse des revenus.[89] Cette même étude démontre avec raison que le management d'entreprise en Afrique connait d'ailleurs un net recul, comparativement à l'époque coloniale. En, effet, selon B.Poson, la période coloniale a vu l'implantation d'entreprises, commerciales d'abord, puis de production agricole ou minière, puis industrielle et de service, sur le modèle des pays colonisateurs. La permanence du management expatrié et sa stabilité a pu permettre dans de nombreux cas, malgré certains dérapages, une adéquation de l'entreprise au pays d'accueil. Dans le même temps se sont créés des relais locaux, commerçants ou artisans tournés vers le secteur moderne, qu'ils soient sous-traitants, réparateurs, vendeurs d'occasion. La folie de nationalisation a tué dans l'œuf cet esprit. Et la rétrocession de ces entreprises aux Africains n'a pas donné les résultats escomptés.

5.3. Le manque de gout des risques

L'absence de goût de risque, l'absence de l'idée de réussite individuelle, le non-accès aux crédits, mais surtout, l'absence du savoir-faire et de l'innovation sont autant des obstacles qui s'ajoutent à ceux énumérés ci-haut. L'idée d'être assisté éternellement découle du fait que l'Africain reste encore fétichiste. Il pense aux miracles, aux esprits qui font tomber les mannes. Il croit encore et toujours à la réussite assistée par les marabouts. Le dualisme entre la modernité et les traditions fait encore son

[89] B Ponson, L'Entrepreneuriat en Afrique francophone. ,Ed. AUPELF-UREF. John Libhey Eurotext. Paris 1990, pp. 18.25

bon chemin. L'inexpérience et l'ignorance le poussent à la défaite. Un bon poste dans l'administration et dans l'entreprise serait (selon la logique de la rue) le résultat de protection et de la magie noire. Comment, dans ce cas imaginer l'Africain entrepreneur, créateur de la richesse ? Et s'il crée, il cherche à protéger son affaire par des fétiches. Les échecs ne relèvent pas de management, mais d'un mauvais sort jeté par la famille ou l'entourage.

Selon le classement de Global Entrepreneurship Development Institute (GEDI), l'Afrique est à la queue de l'entrepreneuriat. « La première nation africaine, l'Afrique du Sud-est classée 52e suivie du Botswana (66e), de la Namibie (69e), du Nigeria (84e) et du Kenya (86e). Les derniers pays sont également africains, à savoir : le Burundi (124e), l'Ethiopie (125e), le Tchad (126e), le Malawi (128e) et l'Ouganda (129e).Vingt-deux (22) des 29 pays africains présents se trouvent au bas de l'échelle dans le classement. Cette analyse est confirmée par une autre. En effet, selon la Fondation Heritage , « . Près de 80% des pays africains ne sont pas dans le top 100 du classement Doing Business 2013, mesurant la facilité de faire des affaires. La complexité, la longueur et la cherté des procédures administratives (enregistrement de la propriété, création de l'entreprise, obtention des permis de construire, obtention des licences, etc.), la multiplicité des taxes et des prélèvements, la rigidité des lois font augmenter le coût d'investissement surtout pour les petits entrepreneurs »[90]

[90] Par Hicham El Moussaoui, http://www.libe.ma/Les-Africains-et-l-entrepreneuriat

Quelles sont les causes ? Le rapport note qu'elles sont liées au manque de talents pour les Start-ups, au manque de Networking, au faible taux brut de scolarisation dans l'enseignement supérieur, un taux considéré comme une composante importante pour favoriser l'écosystème entrepreneurial.[91] Rares sont des pays africains qui consacrent plus de 1% des dépenses budgétaires à la recherche et l'innovation. Les recherches universitaires africaines sont les plus mal loties. Les laboratoires scientifiques ne bénéficient d'aucune assistance, à l'exception des aides qui viennent de l'extérieur (coopération bilatérale). De même, entre ces laboratoires universitaires et les entreprises, aucune collaboration n'existe. Or, les économistes sont d'avis qu'entre l'innovation et l'intelligence économique il n'y a point d'écart. La création procède de l'intelligence. Ceci est vrai dans toutes les sciences. Elle permet l'adaptation et la créativité.

Un grand fossé sépare l'Afrique du reste du Monde. Les pays émergents d'Asie, d'Amérique Latine, et d'Europe de l'Est ont pris au sérieux ce facteur et l'ont inscrit en prioritaire dans l'assaut vers le sommet économique. Les hommes les plus riches de l'Afrique sont Sud-africains, Nigérians, Egyptiens et Marocains. Ils tirent leurs fortunes principalement dans l'agroalimentaire et dans les mines. Aucune fortune ne se situe dans la chimie, la pharmacie, l'acier, la construction automobile.

---

[91] Boureima Lankoande, in, lesaffaires.burkina24.com/2014/12/07/croissance-de-lentreprenariat-lafrique-au-sud-du-sahara-a-la-traine/

Les petites entreprises africaines dont la gestion est encore familiale ne peuvent donc pas participer à la chaine de mondialisation de manière à accompagner l'émergence en Afrique. Bien au contraire, elles sont des relais de l'extraversion qui situent l'Afrique dans le chainon de l'ancienne division du travail. Elles offrent les débouchés pour les produits finis importés, et se cantonnent dans le rôle de réservoir des matières premières qui ont pour but de booster l'économie asiatique, américaine et européenne.

Section 6. La participation aux échanges mondiaux

Le concept de l'émergence économique des pays asiatiques est issu de l'analyse de leur degré de participation (ouverture) aux échanges internationaux et aux mouvements des capitaux avec le reste du monde. D'ailleurs, au moment où Antoine van Agtmael, utilise pour la première fois ce concept en 1981, il faisait allusion à ces pays qui exploitaient des opportunités nouvelles en matière d'attrait des capitaux étrangers et du commerce international dans divers secteurs d'activité. Ainsi, quelle que soit la réussite économique (production, consommation, épargne, diversification, etc.,) qu'une nation pouvait atteindre, celle-ci passerait invisible si elle n'était pas accompagnée de l'accroissement des échanges et des flux financiers réalisés d'une manière contenue avec le reste du monde. L'émergence était, à l'origine, un concept financier. En effet, personne ne pouvait imaginer la montée en puissance de la Chine, du Brésil, de la Russie, de l'Afrique du Sud et de l'Inde si leurs économies étaient introverties. Les observateurs ont longtemps fermé d'ailleurs les yeux sur l'effort considérable que ces pays ont pu déployer en vue d'amélioration des conditions de décollage. Davantage, le degré de participation au commerce international et l'ouverture aux mouvements des capitaux ont été un signal fort qui a actionné l'analyse de l'émergence économique d'aujourd'hui.

6.1. Le déclin de la part de l'Afrique

Il est naturellement constaté que le capital africain est à dominante marchande et se valorise dans l'échange et non par un capital productif qui se valorise par la production. En observant le niveau de l'investissement en Afrique, on est tenté d'admettre cette conception. Ce qui n'est pas toujours le cas. Le capital africain semble se dévaloriser aussi dans l'échange. Partant de ce constat, nous pouvons poser la question de savoir quelle place l'Afrique occupe dans le monde ? La Directrice générale adjointe, Valentine Rugwabiza de l'OMC, dans son discours du 12 avril 2012, tenu à l'Université Witwarsrand de Johannesburg, affirmait que la part de l'Afrique dans le commerce mondial est faible. Elle s'est élevée à moins de 3% en 2011. Les produits primaires représentent 66% de cette part constituée essentiellement des combustibles et des produits miniers. Si ce petit sursaut est observé, dit-elle, c'est à cause de l'explosion des prix du pétrole et des produits non manufacturés. Ce qui signifie que même au niveau marchant, l'Afrique demeure à la queue. Pourquoi ? Parce que l'Africain se concentre dans la simple distribution. Il achète ce que l'Asie et l'Occident produisent et vendent sur le continent. Il est dans le commerce de pacotilles et de spéculation. Il n'exporte pas. Il importe et se contente des profits qu'il réalise. Son commerce est en aval de l'échelle.

Le commerce des produits pétroliers et miniers est dominé par des multinationales. La comparaison avec le reste du monde renvoie l'Afrique au dernier rang. Les données ci-dessous, du FMI, bien que datant des années passées, gardent encore leurs importances. Plus les autres continents font des percés, plus l'Afrique semble se résigner au dernier rang du fait de sa faible participation à la mondialisation.

Dans les deux figures ci-dessous, on peut noter que parmi les principaux pays exportateurs et importateurs, il n'existe pas plus de deux pays africains. Le Nigéria, premier exportateur du pétrole et l'Afrique du Sud, premières économies africaines sont les deux pays qui se classe dans les rangs des 50 nations qui participent le plus aux échanges. La seconde figure indique nettement le recul de l'Afrique dans les échanges par rapport aux décennies qui ont suivi l'indépendance. Ceci est dû à la montée en puissance des Etats du Sud Est Asiatique et à l'éveil aussi des Etats de l'Europe de l'Est.

Figure 8. La part de l'Afrique dans le commerce mondial

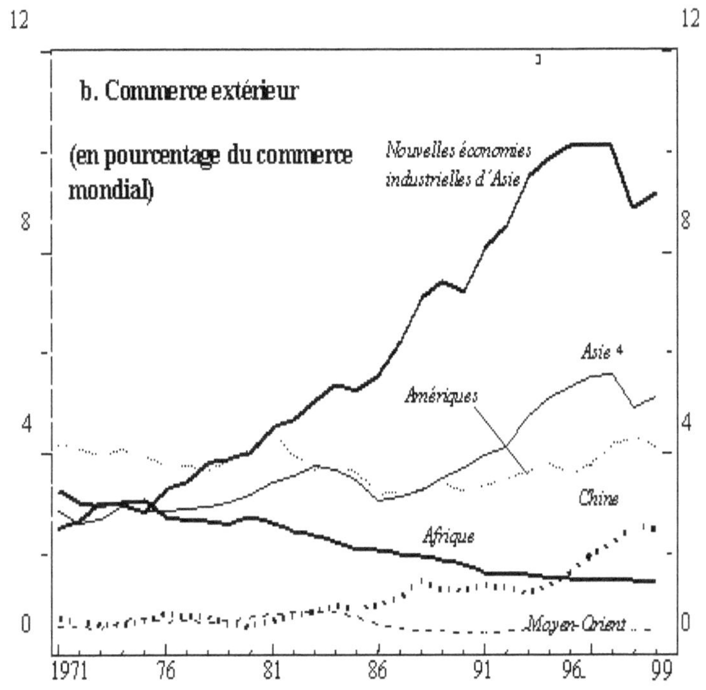

Source : FMI, *Perspectives de l'économie mondiale*, mai 2000; *Direction of Trade*.
[1] À l'exclusion des pays exportateurs de pétrole.
[2] En parité de pouvoir d'achat.
[3] RAS de Hong Kong, Corée, Singapour, province chinoise de Taiwan.
[4] À l'exclusion de la Chine.

Ces données anciennes ne se sont pas modifiées totalement. Le même constat a été fait en 2013 par le Conseil économique et social des Nations Unies pour l'Afrique. Qu'il s'agisse du commerce intra africain ou du commerce avec le reste du monde, les produits de base demeurent l'essentiel des exportations. Le rapport du Conseil économique social de l'ONU constate aussi qu'après « une baisse significative en 2009 en raison de la crise financière, la reprise a été marquée par une augmentation des exportations de marchandises africaines de 25 % en 2010, supérieure à la croissance moyenne mondiale de 21 %. Les importations africaines ont enregistré une hausse plus modeste de 15,6 %, procurant au continent un léger excédent commercial de 5 milliards de dollars (CNUCED, 2011a) ». Mais cette croissance est trompeuse, car, la part de l'Afrique varie entre 2 et 3,2 % du commerce mondial au cours des dix dernières années. Notons également que cette la part de l'Afrique dans le total des exportations mondiales n'était plus que de 2% en 2004 contre 6% en 1980 et sa part dans les importations a diminué de 4,6% à 2%, selon Francine Quentin.

Les causes sont multiples. Par exemple, au Congo Kinshasa, on compte plus de 150 entreprises minières disséminées à travers le territoire, dont 90 % sont dans les mains des investisseurs étrangers. Cette situation reste la même dans d'autres pays. Les pays qui sortent du lot et exportent des produits finis (le cacao, l'huile de palme, l'igname, le manioc, le sorgho, le millet, le maïs, le riz, le bétail sur pied, l'arachide, le coton, les chaussures, les textiles) sont comptés sur le bout du doigt. Il s'agit du Kenya, de l'Afrique du Sud, du Nigéria, du Maroc et de la Tunisie. Le commerce intra-africain est aussi le plus faible, comparé aux autres régions du monde.

6.2. Les faillites des politiques d'intégration régionale

La même étude de la CUNCED, citée ci- haut note que : « la part du commerce intra-africain (exportationsimportations), d'un montant de 130 milliards de dollars US, ne représentait plus que 11,3% des échanges totaux, en 2011, contre 22,4% en 1994. En comparaison, la part du commerce intra-asiatique et intra-européenne a été, en moyenne, textiles, le fil, la farine, l'alcool, le pain, le ciment, l'électroménager. Faut-il le répéter, ces productions sont essentiellement l'œuvre des entreprises étrangères (indiennes, pakistanaises, chinoises), à l'exception de l'Afrique du Sud et de l'Afrique du Nord où les respectivement de 50% et de 70% sur la période 2007-2011 ».[92] Ainsi, le commerce intra-africain concerne en fait la réexportation des produits importés de l'Asie essentiellement. Les biens de consommation exportés dans le voisinage sont, notamment le cuir, le lait, le vin, les produits alimentaires. Les entreprises nationales ne sont pas à même de maitriser la production locale. Ainsi, malgré l'exploit dans l'exportation des produits miniers et pétroliers, les comptes courants des ; pays africains sont déficitaires sur une longue période ; ils sont des importateurs nets des biens de consommation et des biens intermédiaires.

Ce résultat est dû à l'échec des politiques de création des zones d'intégration économique. Depuis 1960, plusieurs initiatives ont vu jour. Mais, la libéralisation des échanges demeure un mythe en Afrique. Parfois, des sommets entiers consacrés à des unions économiques et monétaires sont organisés sans aucun acte concret. Le coût de l'intégration s'avère encore plus élevé. Certains pays membres n'osent franchir les pas du fait de leur peur de réduction de la souveraineté en matière économique et de

[92] http://www.lopinion.fr/11-juillet-2013/

perte potentielle des avantages douaniers. Les ressources disponibles manquent cruellement pour envisager une intégration territoriale. Les projets communs se multiplient. On envisage d'ouvrir des couloirs routiers, des ponts à jeter sur les fleuves, des chemins de fer allant de l'Ets à l'Ouest. Des barrages hydroélectriques à construire, et des espaces économiques largement ouverts à la circulation des biens et des personnes. On a des unions monétaires et économiques avant même qu'on franchisse les pas des zones de libre-échange.[93]

A à ces rêves copiés sur le modèle européen et asiatique, il faut comptabiliser aussi les systèmes financiers défectueux, des monnaies non convertibles qui n'encouragent aucune entreprise à prendre des risques. On assiste ainsi à la sécheresse des investissements croisés, qu'ils soient publics ou privés. L'instabilité des prix, les troubles politiques, les cultures et traditions, la mono production, l'état des infrastructures routières et énergétiques, la gestion théocratique des institutions, les déficits financiers chroniques, les niveaux des réserves très bas, etc., tout ceci réduit les parts des marchés intérieurs. A ces causes s'ajoutent les niveaux très faibles des revenus par tête d'habitant.[94]

---

[93] Issaka K. Souaré Regard critique sur l'intégration Africaine Comment relever les défis, ISS Paper 140 Juin 2007 ;Mehdi Rais, Union africaine: Les raisons de l'échec de l'intégration en Afrique
Publication: 09/12/2013

[94]Commission de l'Union africaine, l'état de l'intégration économique, Juillet 2011

6.3. La non-résilience aux chocs extérieurs

Les chocs extérieurs dus à la chute des prix de certains produits de base, à la baisse de la demande des matières premières (récession prolongée), à une crise financière ayant des répercussions sur les économies asiatiques ou occidentales, à la concurrence accrue, réduction de l'emploi dans certaines industries occidentales ou à l'entrée en récession prolongée, à la variation des taux de change des devises, à la chute des réserves, etc., tous ces facteurs peuvent réduire sensiblement le niveau des exportations africaines. Le renchérissement des coûts des biens importés aggraverait davantage la situation du fait que la demande nationale, dans beaucoup de pays africains en biens de première nécessité dépend étroitement de la santé économique des pays asiatiques, occidentaux et américains.

Les revenus des exportations servant d'avantage à supporter les importations, les conséquences sont incalculables en cas des chocs externes évoqués. Ces pays ont déjà eu cette expérience lors de la crise des subprimes dont les origines remontent sur les marchés spéculatifs aux Etats Unies d'Amérique (nous y reviendrons). Nous assistons ce dernier temps à la baisse des prix du pétrole et des autres matières premières. Le Nigeria, l'Angola et bien d'autres producteurs africains enregistrent déjà les conséquences négatives de cette chute due à plusieurs facteurs : hausse de la production du pétrole, contraction de la demande asiatique. Il est évident que ce choc peut, s'il perdure, avoir des effets néfastes sur les performances économiques enregistrées par les pays africains.

Mais, les gouvernants rivalisent d'ardeur et démontrent comment leurs économies résistent face à ces chocs. Une étude faite par le cabinet de Premier ministre Matata Ponyo (Rdcongo) renseigne comment, en dépit de repli de l'économie occidentalc et chinoise, le Congo Kinshasa présenterait des indices de performance économique : croissance du PIB, évolution de l'inflation, taux de l'investissement, finances publiques, exportations, consommation privée.[95] Mais, sans se rendre compte, les données indiquent en fait, comment l'économie congolaise n'a pas résisté aux chocs externes qui ont marqué l'économie mondiale. La reprise se veut voir à travers les graphiques, à partir de 2010, période marquée également par la reprise dans les économies fortes : États-Unis, Chine, Europe Occidentale. L'étude présentée par le cabinet Matata n'a donc pas prouvé que durant les années marquées par les chocs externes, l'économie congolaise a résisté. Elle démontre que la relance des économies fortes a entrainé les économies extraverties, à l'image de l'économie congolaise. En effet, qu'il s'agisse de l'inflation, de la reprise des activités minières, de la croissance du PIB, de stabilité du taux de change, les courbes attestent que c'est à partir des années 2010 que la relance prend ses sources.

Section 7. L'éternelle dépendance financière

Nous avons déjà épinglé les effets de l'évasion fiscale et des autres canaux qui permettent la fuite des capitaux de l'Afrique vers le reste du monde. Examinons la question de l'épargne et des autres ratios de l'indépendance finan-

[95] Revue congolaise de politique économique, n°1, mars 2015

cière. L'épargne intérieure peut être le fait des entreprises nationales, des ménages ou du pouvoir public. Elle aide à évaluer les capacités d'investissement futur et aide aussi à atténuer les conséquences des déficits courants, dans la mesure où l'épargne et l'investissement sont pris en charge principalement par les précautions publiques et privées, tenant compte de leur niveau de consommation présente (dépenses courantes) et des désirs d'investir demain. Tandis que l'indice de l'indépendance financière est calculé à partir des cinq principaux ratios, à savoir : le solde entre l'épargne nationale et l'investissement, la balance courante, le ratio total des flux financiers net sur le PIB, le ratio dette extérieure sur le PIB (valeur de remboursement), ratio service de la dette par rapport aux exportations, le ratio réserve des changes sur le PIB.

7.1. Les systèmes financiers en panne

Il faut se méfier de certains rapports. En effet, selon « Global development horizon », l'Afrique subsaharienne va enregistrer d'ici 2030 un taux d'investissement stable du fait d'une forte croissance de la population active. « Si le scénario d'une croissance plus rapide se présente, les pays subsahariens les plus pauvres pourraient connaître un développement plus marqué des marchés financiers, et les investisseurs seraient de plus en plus attirés dans la région ».[96]Le rapport établi par la Banque mondiale sonne pourtant l'alarme. Il souligne que l'Afrique subsaharienne est la zone qui enregistre le taux d'épargne le plus bas du monde en développement. Certes, les chiffres varient d'un

---

[96] www.Lesoleil.sn, mai 2013.

pays à l'autre, mais dans l'ensemble l'épargne intérieure brute de la région se situait en moyenne en 2005 à 18 % du produit intérieur brut (PIB), contre 26 % en Asie du Sud et presque 43 % en Asie orientale et dans les pays du Pacifique. L'Afrique du Sud, membre de BRICS représente à elle seule presque 40 % du PIB de l'Afrique subsaharienne.

Elle est suivie par l'Egypte, l'Algérie, le Botswana, le Gabon, le Nigéria et le Congo Brazza. Il s'agit des pays producteurs du pétrole et des minerais. Même si ces pays enregistrent un niveau élevé, il faut le relativiser. En général, les statistiques indiquent qu'un meilleur taux de l'épargne ayant un impact avec la croissance est estimé à 30%. Or, l'Afrique subsaharienne a toujours un taux d'épargne inférieur à 20 %, contre 35 % en Asie ou 26 % en Afrique du Nord.[97] Cette insuffisance pouvait être compensée par les prêts, les investissements directs, les investissements de portefeuille, les flux obligataires, etc. Or, nous avons souligné plus loin que sur une longue période de plus de 10 ans, l'Afrique, dans son ensemble, n'a reçu que 3% des investissements réalisés dans le monde.

Nombreux africains n'ont pas un emploi rémunéré. Ils n'ont pas accès aux prêts. Le taux de la bancarisation est très faible. Les zones (territoires) entières ne sont pas desservies par les agences bancaires. Les populations vivant dans les villes tirent le revenu de l'activité informelle. Le niveau des salaires étant bas, il ne permet pas à de millions

---

[97] Coordination pour l'Afrique de Demain « Un autre regard sur l'Afrique et les Africains » in, http://www.afrique-demain.org/economie-100-croissance-forte-epargne-faible, 2006

d'employés d'épargner. Les banques ne peuvent dans ce contexte mobiliser cette épargne inexistante pour la canaliser vers ceux qui ont besoin de financement de leurs activités. De même, l'Etat ne peut recourir à l'épargne des ménages ou des entreprises pour stimuler certains secteurs d'activités économiques. En ce qui concerne l'épargne publique, remarquons que nombreux pays africains enregistrent des déficits budgétaires chroniques. Ce qui exclut d'amblé l'idée de l'épargne publique.

Ces déficits peuvent être appréciables dans la mesure où elles relèvent des politiques budgétaires créatrices de la richesse et de l'emploi. C'est-à-dire qu'ils contribuent à soutenir la demande ou l'offre, et qu'à la longue, les Etats arrivent à les réduire lorsque les effets attendus sont atteints : création des entreprises, meilleur niveau de l'emploi des facteurs, stabilité de la monnaie, maîtrise de l'inflation. Il s'agit là du rôle de stabilisateur automatique assuré par les recettes et les dépenses en cas de variation cyclique de la conjoncture. Or, nous n'en sommes pas là. L'Afrique, en général, souffre de ses déficits budgétaires qui n'ont aucun effet positif attendu à long terme, notamment le niveau de l'éducation, le développement des infrastructures, la création de l'emploi, le soutien aux entreprises innovantes, l'accroissement des exportations, l'amélioration des conditions sociales, l'accès aux soins de santé, etc.[98] L'analyse des tendances des recettes et des dépenses en Afrique de l'Est, en Afrique Australe et en

[98] Nations Unies, Conseil économique et social, Vingt-huitième réunion du Comité d'expert, Étude de fond: Renforcer l'efficacité de la politique budgétaire en vue de la, mobilisation des ressources intérieures, Caire, 2009

Afrique Centrale (non exportateurs des produits pétroliers) entre 2000 et 2009 conclut aux résultats alarmants.

Selon le FMI quelques pays ont amélioré leurs niveaux après la période des conflits, d'autres ont découvert les nouvelles sources. Il s'agit du Burundi, du Rwanda et de l'Ouganda (fin des conflits) et du Mozambique (exportation de l'énergie vers l'Afrique du Sud). Tandis que dans d'autres pays il n'y a aucune augmentation significative des parts de recettes. Par contre, la part des dépenses publiques a augmenté, alors que la part de l'investissement public n'augmente presque pas. Les déficits budgétaires sont restés importants dans la plupart des pays, ne montrant aucune tendance à la baisse. La persistance de ces déficits budgétaires a limité les possibilités d'emprunts intérieurs comme autre source de financement du développement. En conséquence, les pays à faible revenu restent tributaires des subventions extérieures à un niveau insoutenable.[99] Seule l'Afrique du Sud ainsi que l'Afrique du Nord, en font exception à cause des recettes pétrolières et de la diversification de la production. Le rapport du FMI indique que même si les soldes budgétaires ont dû, légèrement s'améliorer en 2011 par rapport à 2010, ils sont restés nettement moins bons qu'au milieu de la décennie 2000. Les ratios dette publique/PIB devraient continuer de s'accroître en moyenne, si d'allégement de dette ne corrélerait pas avec l'amélioration des résultats budgétaires et l'accélération de la croissance.

[99] Idem, p.16

7.2 Les réformes peu rassurantes

Par emprunt ? Par les avances des banques centrales ? Par le recours aux bons de trésor ? Par les obligations souveraines nationales ou internationales ? Par la création de la monnaie ? Par les aides extérieures ? La réponse n'est pas unique pour tous les pays. Certains sont capables de supporter le poids de la dette si elle est soutenable par rapport au niveau de la richesse. Les autres vont crouler sous le poids à cause des charges (remboursement du principal et des intérêts). La réduction des dettes dont nombreux pays ont bénéficié ces dernières années ne peut produire que des effets passagers.[100] Car, dans nombreux pays on assiste à un nouveau recours à l'endettement dû au fait que certains créanciers estiment que la baisse des dettes autorise aux bénéficiaires de nouveaux crédits de disposer de capacité d'accumuler le capital productif et de retrouver un niveau de croissance soutenable.[101]

Or, cette logique ne fonctionne pas parfaitement, surtout dans les pays où les nouveaux emprunts soutiennent essentiellement les secteurs de l'économie extravertie : mines et agriculture de rente). Ces pays dont l'allégement ne soulage pas la charge de l'Etat sont placés dans la catégorie des pays « rouge ». Vanessa Jacquelain souligne avec raison que sur les vingt-neuf pays africains ayant atteint le point d'achèvement de l'initiative PPTE, dix-sept sont malgré tout classés en risque élevé. Ils ont des capacités de

---

[100] La réduction totale s'élève à 120 milliards de dollars, soit 90% la dette extérieure publique. Elle passe de 140 à 15 milliards de dollars en 2013.

[101] Voir la nouvelle politique dite de cadre de soutenabilité de la dette proposée par les pays membres du CAD

remboursement limitées, car ils ont des bases économiques étroites.

Le recours aux avances des banques n'est souhaitable qu'à court terme. Les banques centrales ne peuvent indéfiniment puiser dans les réserves pour financer le déficit public. Les injonctions des institutions financières internationales obligent finalement la rigueur. Les avances ne sont possibles que dans les cas où elles permettent à l'Etat débiteur de retrouver un certain niveau d'excédent. Si les avances n'ont aucune relation linéaire avec la croissance, elles ne serviront qu'à aggraver le niveau de la dette. A la longue, le stock des dettes s'accumule, il réduit l'accumulation du capital ainsi que le niveau de la production. Les aides extérieures (budgétaires) rentrent également dans la logique des emprunts dont les conséquences sur la croissance économique peuvent s'avérer catastrophiques, car, elles reposent sur la logique décrite ci-dessus.

Le relèvement des niveaux des impôts conduit à la baisse de la demande et même de l'investissement privé. Nous connaissons tous la loi d'Arthur Laffer : « trop d'impôt tue l'impôt ». Autrement dit : le taux mange l'assiette. L'émission des obligations souveraines reste très limitée à quelques pays ayant le niveau de dette publique modeste et qui sont capables d'éviter les risques de spirale : dérapage budgétaire et répercussion sur le taux de change dans la mesure où le dérapage implique un volume de trop sur le marché, lequel induit à la baisse de la valeur de la monnaie et à la détérioration de taux de change.

Que dire de ratio service de la dette par rapport aux exportations ? La logique voudrait que le rapport soit inférieur à 150%. Or, même le lendemain de l'annulation de la dette souveraine dans nombreux pays, il s'avère que le ratio dépasse largement le seuil souhaité. Par exemple, une étude réalisée en ce qui concerne la République démocratique du Congo, indique ce ratio est supérieur à 400%.[102]

[102] José Muania Wakosia, Les déterminants de l'endettement extérieur de la RDC, mémoire de DEA, Unilu, 2013

CHAPITRE 3

L'AFRIQUE FACE A LA CRISE DE LA ZONE EU-RO

Introduction

Depuis plus de trois ans déjà, la zone euro était secouée par une crise qui rappelle celles dites de première génération apparues entre 1990 et 2000 en Asie, en Amérique Latine et en Russie.Dans la Zone Euro, les premiers signes d'essoufflement des interventions publiques pour financer les dépenses ont vu jour en Irlande. Puis, les effets domino se sont propagés dans le sud de l'Europe, principalement en Espagne, en Grèce et au Portugal. Ils ont atteint l'Italie et ont même menacé tout le reste de la zone, à l'exception du Nord. L'Allemagne est demeurée la locomotive qui résiste aux chocs. Les agences des notations se sont emparées des analyses et ont précipité les conclusions alarmistes sur la fin du miracle européen tiré par la réussite de l'intégration.

Le FMI a emboîté le pas, exprimant les criantes dues aux effets de propagation. Et nombreux économistes ont découvert, à nouveau, les possibilités de théoriser sur les causes et les moyens de sortie. On a pensé énormément à la taxe Tobin en vue de constituer des réserves nécessaires pour maitriser le choc dû aux fonds spéculatifs. Bien plus, l'OIT a attribué la cause de la crise de la zone euro à la compétitivité de l'économie allemande, laquelle aurait misé sur la baisse des coûts salariaux en vue de doper les exportations. Les pessimistes ont poussé les réflexions plus loin, imaginant la fin de l'euro, dont la vie n'était encore que de dix ans. D'autres propositions ont concerné l'abandon de la souveraineté en matière de budget, une recapitalisation d'un système bancaire vulnérable, l'exclusion de la Grèce et des autres membres de la zone euro ou alors l'établissement d'une union monétaire temporaire à deux vitesses ; ce qui suggérait la clé sur l'euro.

Ce débat s'est passé à des milliers des kilomètres de l'Afrique. Ce qui portait à croire que cette zone lointaine était épargnée. Elle ne participe que fort peu aux flux et reflux financiers globalisés. On a ainsi oublié de consacrer des réflexions sur l'impact de cette crise, dans les relations entre l'Europe et l'Afrique. Il n'existe donc pas des analyses fouillées sur les conséquences de cette crise de la dette souveraine sur les économies africaines, à l'exception des réflexions consacrées davantage à la zone CFA, notamment celle publiée par Gohou Danon sur la nécessité de dévaluer le franc CFA et la possible réduction des ressources d'aide au développement en direction de la zone CFA.[103] Lors de l'assemblée annuelle du FMI, en septembre 2011, les ministres africains des finances ont exprimé timidement leur inquiétude sur les effets de la crise, mais, sans aller plus loin.[104] La réflexion émise par Léopold Nseke, dans la revue Afrique expansion, du 11 janvier 2012, portant sur le sujet, se limitait à l'examen des conséquences de la dernière dévaluation du franc CFA en 1994. Elle n'abordait pas, comme le titre le suggère, la crise de la zone euro. Notre préoccupation n'est plus d'y revenir comme si la crise persistait. Nous voulons tout simplement voir quels seraient les effets de celle-ci, dans le cas où elle persistait, affectant probablement le commerce, les investissements et l'aide au développement.

---

[103] Gohou Danon, Crise de la dette: Une dévaluation du fanc CFA s'impose. in www.gohoudanon.com

[104] Sébastian SEIBT, La crise de la zone euro menace la reprise économique de l'Afrique, in www.France 24.com

Supposons que la zone euro soit emportée par ces crises, quelles auraient été les conséquences sur les économies africaines ? Et dans le cas où la politique de l'austérité s'imposait, quelles seraient ses conséquences aussi ? Et si la crise de la dette souveraine se transformait en crise systémique, quels seraient également les effets sur la croissance africaine ? Les relations avec pays émergents d'Asie peuvent-elles sauver l'Afrique de la contagion qui en résulterait ? Leurs relations avec l'Afrique, en matière de l'aide, des investissements et du commerce extérieur, peuvent-elles atténuer les effets qui découleraient de la récession dans la zone euro ?

Un article paru dans le Figaro du mois de décembre 2011 affirmait cette hypothèse. "Le malheur des uns fait le bonheur des autres. L'Europe qui s'enfonce dans la crise et la croissance qui tourne au ralenti dans les économies développées devraient stimuler les échanges Sud-Sud. Dans cette perspective, le continent africain, dont le potentiel économique n'est plus à prouver - lié d'une part à ses sous-sols gorgés de ressources minières et pétrolières et de l'autre à ses énormes besoins en infrastructures, énergie, transports, développement agricole, jouera un rôle clé."

Nous ne partageons pas de cet avis, pourtant. Notre réflexion va dans le contre sens. Les pays émergents, certes, pénètrent de plus en plus en Afrique. Mais, cette ouverture est sélective et ne peut pas être perçue comme une voie de sauvetage des économies africaines, essentiellement dominées par le secteur minier. Tel est l'objet de cette contribution qui a pour but de démontrer que les économies africaines ne peuvent pas résister aux chocs externes. Et la part assez élevée des échanges avec les BRICS ne peut constituer une bouée de sauvetage contre les chocs externes. Mais avant d'aborder cette réflexion, examinons d'abord ce qu'est la dette souveraine. Et à partir de quand elle engendre une crise.

Section 1. Qu'est-ce la crise de la dette souveraine ?

1.1. Bref aperçu théorique

La dette souveraine est une dette publique. Elle représente les emprunts de l'Etat sur le marché financier privé ou public. Elle s'opère par l'émission, à travers les banques centrales, des obligations, en vue de se procurer le financement des activités. L'Etat contracte la dette auprès des souscripteurs nationaux et internationaux pour financer ses propres activités. Elle est aussi utilisée pour subvenir aux entreprises privées en difficulté d'autofinancement. Dans ce cas, l'Etat, pourvoyeur en dernier ressort, se charge de procurer les moyens nécessaires aux entreprises publiques ou privées qui, par suite de perte des profits, ne peuvent accéder facilement au marché financier, en vue d'y bénéficier des excédents de financement. Les dettes souveraines sont porteuses des effets de stimulation.

Elles peuvent également avoir des effets d'éviction, lorsqu'elles atteignent les proportions insoutenables et ne permettent pas aux débiteurs de les rembourser dans les délais raisonnables. Les Etats endettés assurent leurs interventions financières en accumulant des déficits qui dépassent finalement leur capacité de remboursement. Ils réduisent la confiance des marchés qui leur ferment les portes, par crainte des risques aggravés. Soit, ils se tournent vers les marchés nationaux, soit, ils déclarent leurs faillites. Mais, les marchés nationaux ne peuvent être intéressants que dans la mesure où ils sont caractérisés par un niveau suffisant de l'épargne privée. Et même, dans ce cas, la méfiance provoquée par les replis des marchés internationaux peut aussi avoir des effets analogues de méfiance de la part des ménages et des entreprises.

A la longue, l'Etat débiteur, apparaît incapable d'assumer son rôle régalien ; car il devient classé sur la liste noire des créanciers internationaux. En dépit des garanties couvertes par les mécanismes d'assurance et de réassurance, les marchés rechignent et adoptent un comportement rationnel d'anticipation des risques incertains. Car, le pays endetté et déclaré défaillant, entre dans la crise, non pas de liquidité, mais dans une crise d'insolvabilité structurelle. Les fondamentaux de cette sorte de crise sont : la baisse des taux des profits des entreprises, la liquidation, la cessation des paiements, le chômage, les taux de croissance négative, la fracture sociale, la baisse des impôts, la délocalisation, la baisse des niveaux de consommation des ménages, etc.

1.2. Quels sont ses effets ?

Le pays endetté perd les bénéfices de confiance et ne peut disposer d'un pouvoir de négociation suffisante pour renflouer les caisses publiques. Il ne peut pas lever les impôts sans toucher sensiblement les capacités des entreprises à maîtriser les coûts supplémentaires qui en découlent. Il est aussi difficile de transférer le poids de cet endettement vers les entreprises étrangères, sans toucher leurs performances. Les exigences de déréglementation financière et de décloisonnement réduisent les marges d'intervention autoritaire de l'Etat endetté. Donc, l'accès au financement extérieur privé devient très limité. Il ne reste que le mécanisme de solidarité du FMI. Il est déclenché lorsque l'Etat membre est en déficit chronique ayant une incidence considérable sur ses équilibres macroéconomiques. Sa balance des payements ne se redresse pas. Il n'est pas capable de financer sa croissance. La structure de son économie devient affectée à tel point qu'elle nécessite la mise en place de sa restructuration. Dès lors, les divers outils de facilitation sont mis en marche, mais tout en hypothéquant certaines politiques économiques jugées non opportunes par le FMI. Mais, bien que disposant d'une caisse de solidarité, on ne puise pas à gogo dans le pot commun de FMI les moyens dont une économie démunie a besoin. Le fond prête en dernier ressort, mais, ses prêts sont limités. Même si les taux peuvent être faibles, il est possible que ces aides ne couvrent qu'une infime partie des besoins de financement. Dès lors, la nécessité de recours à d'autres mécanismes s'avère utile.

A l'époque où le mécanisme des intérêts perpétuels était de mise, la dette publique était garantie. L'Etat pouvait recourir aux emprunts, sans être secoué par les prêteurs. Les cités Etats italiennes belligérantes en avaient bénéficié eu 13ème siècle. Aujourd'hui, ce mécanisme est inimaginable. L'assurance était, jadis, l'hypothèque d'un port ou de chemins de fer ; ou encore l'utilisation de la force militaire était de mise. Il n'en est pas le cas aujourd'hui

1.3. Comment la crise a vu jour dans la zone euro ?

1.3.1. La gestion non prudentielle des risques

La zone euro n'est pas la première à subir cette crise. Au début des années 90, les pays émergents, en mal d'argent se sont précipités à la porte des marchés obligataires et ont massivement emprunté des sommes d'argent. Comme le souligne le rapport Rey, "À la suite de la crise des obligations souveraines du Mexique en 1994, de l'Asie en 1997 (Philippines,) de la Russie en 1998, de l'Argentine en 2002, la rapidité et l'ampleur des crises de balance des capitaux et de dette souveraine des marchés émergents avaient suscité maintes inquiétudes. Le recours accru des débiteurs souverains aux emprunts obligataires plutôt qu'aux prêts commerciaux, comme au début des années 1990, avait en effet engendré divers problèmes".[105] L'Europe se croyait épargnée. Elle a continué à emprunter sur le marché obligataire. En 2011, les pays affectés par la crise totalisaient la dette de l'ordre : 148 milliards d'euros pour l'Irlande ; 160 milliards pour le Portugal, 328 milliards pour la Grèce, 638 milliards pour l'Espagne et 1843 milliards d'euros pour l'Italie.[106] Vers la fin de l'année 2010, la rumeur sur un plan de sauvetage de l'Irlande a circulée. Bien que démentie, l'inquiétude a été confirmée par des incessantes réunions de G20.

---

[105] The Rey report revisited : the resolution of sovereign debt crises-recent developments », Financial Stability Review, 2002

[106] http://epp.eurostat.ec.europa.eu/ca...

Comment cette situation est arrivée ? Amar Bhidé et Edmund S. Phelps soulignent que "Après les années 1970, les prêts souverains se sont institutionnalisés. L'encouragement est venu de la Citibank - dont l'administrateur général Walter Wriston, est devenu célèbre pour avoir déclaré que les pays ne font pas faillite. Cette banque s'est mise à recycler un flot de pétrodollars à des taux douteux. Finalement, les autres banquiers ont aussi prêté des sommes énormes avec un minimum de prudence nécessaire. Les gouvernements assaillis par des accès faciles au crédit, ne sont plus parvenus à régler les échéances d'un emprunt. Plus tard, les accords de Bâle ont aiguisé l'appétit des banques pour davantage d'obligations d'État en les décrétant pratiquement sans risque. On pouvait emprunter sur le marché international des euros à faible rendement, sans se soucier de la santé économique du pays. Ce fut le cas de nouveaux pays qui ont adhéré à l'euro et qui ont bénéficié des facilités ; d'autant plus que l'évolution de la croissance performante, n'autorisait pas d'émettre des doutes, quant à la capacité future des débiteurs, à rembourser. Les banques, précise le rapport Rey, ont pris à leur charge l'endettement à relativement haut rendement des pays comme la Grèce parce qu'ils avaient mis de côté très peu de capital. Comme la dette a été très bien cotée, personne n'avait pu évaluer objectivement les obligations non garanties et pratiquement inapplicables.

1.3.2. Les canaux de transmission

De l'Irlande, le virus s'est propagé. Les banques inquiètes ont alors ouvert les portes de secret pour y rechercher les failles pouvant les affecter. Là, plusieurs pays étaient contaminés par la fièvre des dettes accordées sans mesurer les risques. Le seuil était atteint pour nombreux pays, incapables, de faire face à leurs engagements à la date convenue.

Figure 9. La dette souveraine des pays membres de la zone euro en 2010

Pays	Dette (en milliards d'euros)	% du PIB
Belgium	340.7	96.2
Germany	2061.8	83.2
Estonia	1.0	6.7
Greece	329.4	144.9
Spain	641.8	61
France	1591.2	82.3
Ireland	148.0	94.9
Italy	1842.8	118.4
Cyprus	10.7	61.5
Luxembourg	7.7	19.1
Malta	4.3	69
Netherlands	369.9	62.9
Austria	205.6	71.8
Portugal	161.3	93.3
Slovenia	13.7	38.8
Slovakia	27.0	41
Finland	87.0	48.3
Euro area	7822.4	85.4
USA	10258	94.4

La Grèce, l'Italie et le Portugal avaient largement dépassé le seuil de la confiance. Les rations de leurs dettes étaient au-dessus de 100% ; ils étaient suivis par la Belgique et l'Irlande. Les trois indicateurs : stabilité financière, la maîtrise des dépenses budgétaires et la croissance économique (le triple AAA) étaient dans le rouge. Les agents de notation se sont mis en danse et ont sonné l'alarme pour alerter les menaces qui pesaient sur l'ensemble de la zone euro.

Section 2. Crise de la dette, crise de l'euro ou crise de la zone euro ?

2.1. Pourquoi la création de la zone euro ?

Une monnaie unique créée dans le contexte de l'intégration présente plusieurs avantages. Les membres éliminent les obstacles à la croissance des échanges. Les marchés financiers sont souples et inter-liés fortement. Les transactions s'effectuent dans une seule monnaie. Les prix sont plus ou moins stabilisés. Les taux d'intérêt baissent. Les opérations des changes sont éliminées. Les banques facilitent les opérations des compensations. Les marchés ouverts sont interconnectés. Et la compétitivité commerciale rendue possible profite aux entreprises performantes. La consommation intérieure au sein de la zone est élargie et soutenue par le nivellement des prix à la baisse ; les coûts liés à au taux de change étant annulés. La zone euro est née en vue de répondre à ces facilités. Elle fut une réaction à l'échec des accords de Bretton Woods qui avait institutionnalisé le rôle du dollar comme l'unique monnaie internationale. La dépréciation du dollar par rapport à l'or, les pertes des économies de la part de plusieurs banques européennes, l'échec des mesures destinées à soutenir le dollar ont motivé la volonté des Etats membres de l'EU à se doter de leur propre monnaie. L'Ecu a vu jour ; et ensuite, elle a donné naissance à l'euro. Plus de dix ans après sa création, le constat est fait. L'euro n'est pas dans une zone optimale. Pour que cette zone existe, trois conditions sont remplies à la fois : la croissance, la consommation et l'investissement. Les membres ont une obligation de convergence des résultats et des politiques économiques des performances à travers la stabilité des prix. Ils doivent dans l'ensemble obtenir la stabilité financière, la même performance macroéconomique et la même gestion saine des finances publiques. Donc les niveaux des salaires, de l'inflation, des déficits budgétaires, des performances macro-économiques doivent être proches de manière à éviter les coûts élevés de renonciation à la monnaie nationale.

L'adhésion à la zone euro était conditionnée par une batterie des conditions. L'une d'elles était le seuil de déficit budgétaire maintenu à 3% du PIB. En 2003, les économies locomotives de la zone (Allemagne et la France) sont sorties de ce seuil. Les déficits ont dépassé le seuil. La Grèce, elle, est entrée dans la zone, en dissimulant ses faiblesses budgétaires. Par ailleurs, il n'était pas possible d'attendre des tous les membres de la zone, des performances analogues. Les petites économies de l'Europe sont restées à la traîne. L'euro n'a donc pas permis de constituer un espace économique unique. On assiste à une hétérogénéité des chocs. Les taux de croissance, les performances industrielles, les niveaux de la recherche et développement, les politiques de lutte contre le chômage, etc., ont nettement donné à la zone, un paysage disparate. En dépit des politiques de convergence, en dépit des efforts communs sous l'ordre de la banque centrale européenne, en dépit des aides accordés ou des fusions et acquisitions des grands groupes industriels, en dépit des mesures de lutte contre les récessions, chaque pays a pu garder, durant dix ans de l'existence de l'euro, sa main mise sur la conduite économique, faisant de la zone, un ensemble apparemment compact, et pourtant disparate. La stabilisation notée aurait été conjoncturelle et non structurelle.

2.2. Les signes des premières failles

A l'approche des signes évidents d'affaissement de la zone, les économistes ont souligné le fait que la "croissance de la production, après avoir fléchi en 2007 s'est encore affaiblie tout au long de 2008, avec un PIB en recul au cours des deuxième et troisième trimestres de l'année. Ce ralentissement a été aggravé par les turbulences qui ont commencé d'affecter les marchés internationaux de capitaux en août 2007 et se sont intensifiées en septembre 2008. L'activité économique mondiale s'est nettement ralentie. Avec la hausse antérieure des prix des produits de base, l'inflation était passée à un niveau nettement supérieur à l'objectif de stabilité des prix de la Banque centrale européenne bien qu'elle se soit reculée depuis.

Le rapport de l'OCDE indique que la zone euro avait au départ résisté à ces chocs, mais la production devrait se contracter au deuxième semestre de 2008 et au premier semestre de 2009, avec une croissance inférieure à la tendance jusqu'au milieu de 2010"[107] Le crédit s'est montré très dynamique, de grands groupes bancaires internationaux se sont constitués et les innovations financières ont ouvert des possibilités de diversification des risques tout en augmentant la prise de risque. Cette pratique a resserré les liens entre les marchés nationaux et a sans doute modifié la transmission de la politique monétaire aux activités économiques dans l'espace. La crise est devenue, non seulement, celle de la dette souveraine. Elle a affecté la zone et remis en cause les performances attendues, dues à l'usage de la monnaie unique. Nous étions dans une zone à deux vitesses économiques, celle des riches (Nord) et des pauvres(Sud). Le nord s'en tirait un peu mieux. Tandis que le sud était en train de s'enfoncer dans la crise qui durait déjà depuis plus de quatre ans. Critiquant les propos de ceux qui s'opposaient à la sortie de l'euro, Jean Jacques Rosa constatait qu'au lieu de la convergence des économies, on assiste à un processus de "divergence". L'essaimage des activités industrielles sur tout le territoire de l'Union ainsi que l'homogénéisation des structures d'activités ne sont pas produits. C'est l'inverse qui s'est passé. Le centre industrialisé a renforcé sa dominance industrielle au détriment des pays de la périphérie.

La spécialisation du Nord et du Sud a aggravé les divergences de conjonctures nationales en réponse aux chocs économiques.[108]Donc la crise de la dette souveraine était aussi la crise du système bancaire et de l'euro. "Beaucoup de banques européennes faiblement capitalisées, souligne

---

[107] Rapport de l'OCDE, 2007

[108] Jean Jacques Rosa, *L'euro : comment s'en débarrasser*, éd Grasset, 2011

Michael Boskin, seraient insolvables si leurs actifs étaient évalués instantanément par le marché, car elles détenaient en quantité de la dette souveraine des pays périphériques de la zone euro qui n'inspiraient guère confiance. Leur désendettement freinait la reprise économique"[109] Les prévisions cycliques des crises annoncées en 1997 par Martin Armstrong semblaient donc se confirmer, tel que nous l'indique le graphique ci-dessous. Nous étions dans une économie des crises de courtes durées générées par les contractions entre l'économie réelle et l'économie virtuelle

Figure10. Les prévisions des cycles des crises de Martin Armstrong

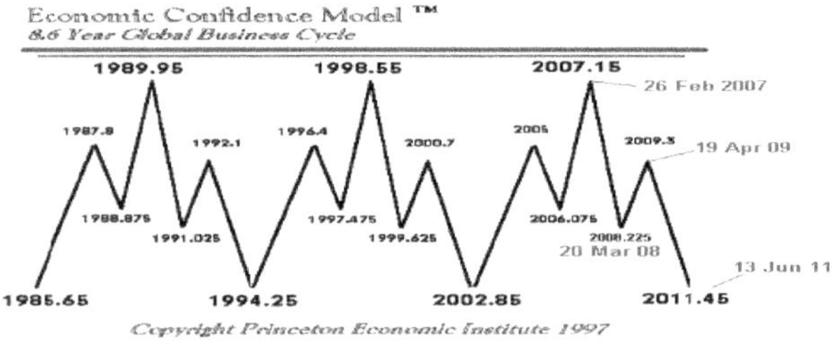

[109] Michael Boskin, L'Europe et ses trois crises, www.project-syndicate.org, 2012

2.3. Les mesures mises en route et leurs efficacités

Cette crise de la dette, nous l'avons dit déjà, soulevait à l'époque un débat houleux parce qu'elle s'était manifestée là où elle n'était pas attendue. La zone euro est née pour justement éviter l'instabilité financière des Etats membres. Or, la crise n'a pas été évitée. Au milieu des années 90, elle s'est manifestée en Thaïlande, en Indonésie, en Corée, en Turquie, au Pakistan, en Ukraine, au Brésil, au Mexique et en Equateur. Ces pays jadis qualifiés d'émergents se sont trouvés en crise de liquidité suite à un retrait massif des investisseurs. Ils ont eu l'accès facile aux marchés obligataires en vue de financer leurs économies. La croissance aidant, les créanciers ont ignoré les exigences classiques en matière des prêts. Ils ont accordé des facilités sans se préoccuper des échéances.

Lorsque les emprunts sont arrivés à maturité, les débiteurs n'ont pas pu honorer leurs contrats. Les solutions proposées ont eu pour but de résoudre à la fois, la question de liquidité et prévenir les risques d'insolvabilité. S'inscrivant dans le cadre des mécanismes classiques du FMI, la restructuration des dettes souveraines de ces pays a consisté à mettre en œuvre un moratoire judiciaire, suspendre le service de la dette, accompagner les pays dans leurs programmes des réformes des politiques économiques, aider les débiteurs par l'octroi limité de nouvelles ressources. Ces mesures ont permis aux créanciers de redresser leurs situations économiques dans le temps, atténuer le problème de l'aléa moral et devenir de nouveau capables de contracter les dettes sur les marchés financiers.

Les solutions à la crise la dette grecque se situaient à trois niveaux. L'Union européenne dispose d'un Fonds européen de stabilisation d'un montant de 750 milliards d'euros. Il s'agit d'une société anonyme qui dispose des liquidités. Elle peut emprunter aux marchés,[110] utiliser l'argent pour prêter à l'Etat bénéficiaire, se faire rembourser, puis rembourser les marchés. Ce fonds vient compléter le mécanisme institutionnel de stabilité financière prévu par le Traité et qui aide les Etats en difficulté : catastrophe naturelle, circonstance exceptionnelle. Il aide à accorder des facilités de balance des paiements par l'octroi des prêts à des taux bas. La banque centrale européenne rachète aussi des titres souverains sur le second marché. Elle ne monétise pas les dettes, mais les achats sont stérilisés par le biais de réserves, des dépôts à terme et des certificats de dette. Les débiteurs sont soulagés, mais ils n'accèdent pas à l'argent liquide, sauf dans les cas où la banque centrale intervient directement sur le marché primaire aux bénéfices des pays débiteurs. La Commission européenne effectue également les opérations de refinancement à long terme. Les prêts sont bien sûr conditionnels. Le troisième volet consiste à négocier avec les banques, les modalités de restructuration de la dette.

---

[110] C'est dans ce cadre que le Japon et la Chine contribuent à stabiliser les finances européennes en achetant des obligations du Fonds européen de stabilité financière.

Figure 11. Les mécanismes d'aide de l'UE aux pays en crise

	Fonds d'assistance financière	Fonds européen de stabilité financière
Forme	Géré par la Commission européenne	S.A. basée au Luxembourg, gérée par une équipe de 12 personnes
Montant maximum	90 milliards d'€	660 milliards d'€
Contributeurs	FMI (30 mds), budget communautaire (60 mds)	FMI (220 mds), budgets nationaux au pro-rata du PIB (440 mds au total)
Bénéficiaires potentiels	Ensemble des Etats de l'UE	Seuls Etats de la zone euro
Provenance des fonds	Argent levé sur les marchés ou auprès d'institutions financières, garanti par le budget communautaire	Argent levé sur les marchés ou auprès d'institutions financières, garanti par les budgets nationaux
Destination des fonds	Prêts (ou lignes de crédits ou achat de titres de dette)	Prêts (ou lignes de crédits ou achat de titres de dette)
Condition d'activation	Disponible sans délai	Disponible après accord gouvernemental
Nature de l'aide	Conditionnelle	Conditionnelle

En ce qui concerne la Grèce, les créanciers proposaient d'abandonner 50 % de la dette de l'Etat grec en leur possession, soit un effacement de plus de 110 milliards d'euros. Cette mesure permettrait à la Grèce de ne pas tomber en faillite.[111] Or, elle était illusoire, en rapport avec le niveau total de la dette extérieure estimée en 2015 à 270 milliards de dollars. Et elle ne pouvait pas permettre l'efficacité des réformes structurelles que les autres membres de l'UE imposaient à la Grèce. Outre cette aide, le pays avait droit aux aides de la BCE (rachat d'une partie de la dette) et à l'assistance du Fonds européen de stabilité financière. Des discussions ont porté sur une autre avance

[111] Lemonde.fr , Crise de la dette : les banques suspendent leurs négociations avec Athènes

de 8 milliards d'euros.[112] Mais la conditionnalité était amère. Le pays devait restreindre son déficit budgétaire, comprimer les dépenses liées au chômage, aux soins de santé et à la retraite ; les marchés publics protégés devaient être libéralisés. Il s'agissait, notamment des infrastructures portuaires, aéroportuaires, des télécommunications, de l'énergie, etc. Durant la crise irlandaise, l'attention sur l'ampleur des risques n'était pas soutenue. On ne s'imaginait pas l'ampliation des tensions sur les marchés.

Les interventions des membres de l'Union européenne en association avec le FMI ont consisté à accorder une aide d'urgence destinée au secteur bancaire, un ajustement fiscal en vue de corriger le déficit excessif et une batterie des réformes structurelles visant la croissance et l'emploi. Ces aides ont permis la recapitalisation des banques en faillite (plus 25 milliards d'euros de liquidités pour aider le secteur bancaire en difficulté), le soutien budgétaire de l'ordre de 50 milliards d'euros. Vers la fin du mois d'octobre 2010, l'Irlande a également reçu 85 milliards d'euros, dont 35 milliards devaient servir à renflouer les banques. Le reste devait couvrir le déficit public estimé à 32,1% du PIB. La Grèce a tenté plus de s'opposer au plan de sauvetage, ne fût-ce que par esprit de nationalisme. Mais, le choix entre sa sortie de la zone euro et l'acceptation de la pilule d'austérité a penché vers les politiques restrictives énumérées dessus et ayant un impact social fort amer pour les citoyens grecs.

---

[112] Frédéric Simon, La Grèce et le Fonds de stabilité financière au menu de la réunion de l'Eurogroupe, www.france24,

Finalement, la crise a secoué l'Europe du Sud. La question se focalisait sur la Grèce, mais, en réalité, les économies du Portugal, de l'Espagne, de l'Italie, de la France, etc. demeuraient aussi fragiles. La crise était donc à la porte du Nord. La zone euro était menacée. Les indicateurs de la croissance économique épargnaient l'Allemagne. Les agences de notation (Standard &Poor's) ont sonné de temps en temps l'arme et donné de mauvaises notes à plusieurs pays de la zone euro. L'OCDE s'est aussi inquiétée. Son chef économiste, Pier Carlo Padoan pensait, à l'époque que les effets de la crise pouvaient se transmettre ailleurs, par la récession. Même si les dirigeants n'en parlaient pas ouvertement, ils savaient bien que c'est cette raison qui a poussé le FMI, L'Allemagne et la France d'assouplir leurs conditionnalités. Mais, il ne faut pas confondre celle-ci avec la crise des Subprimes des années 2008/2009. Cette crise n'a pas affecté totalement les banques. Elles ont disposé au début de réserves et ont négocié les conditions de restructuration des dettes, y compris les possibilités d'effacer une partie au profit des débiteurs. Les entreprises n'ont pas aussi été affectées totalement.

Le repli des investissements productifs dans la sphère réelle était une mesure de précaution. Par ailleurs, l'élargissement du marché financier permettait aux entreprises de bénéficier des avantages issus de cette ouverture. Mais dans le cas où la Grèce sortait de la zone, la psychose pouvait dominer les marchés et il est possible que cette sortie ait déclenché un malaise qui pouvait conduire à la récession touchant le secteur réel de l'économie européenne. Si la solution durable à la crise semblait s'éloigner durant des années, la cause était due à l'attitude hostile des autorités politiques grecques et au refus des autres Etats de mutualiser les charges. Ainsi, les économies locomotives (Allemagne, France) refusaient de prendre le poids du bénévolat. Se gardant de subir les critiques des citoyens, les deux pays ont longtemps préféré la rigueur budgétaire et l'approche libérale, pour la sortie de la crise, tout en insistant sur la nécessité de sauvegarder l'image de la zone euro. Les banques et les assurances se gardaient aussi de négocier les pertes des leurs avoirs. Elles refusaient de renoncer à une partie des créances, ni de différer longtemps le paiement sans aucune mesure garantissant le redressement rapide des économies des pays débiteurs. Sur les marchés, elles prêtaient à des taux supérieurs, aux pays touchés par la crise de la dette. Ainsi, elles décourageaient les nouveaux emprunts utiles.

Une question se pose : quels sont les effets que cette crise aurait pu avoir sur les économies africaines ? La résilience pouvait-elle être envisagée ?

Section 3. L'impact sur les économies africaines.

Existe-t-il une économie africaine ou des économies africaines ? Nous avons déjà répondu à cette interrogation dans notre introduction. Le continent se caractérise par une disparité des économies : les producteurs des minerais, les producteurs des produits agricoles, les producteurs du pétrole. Il y a également les mono producteurs et ceux qui tentent de diversifier leurs économies. Il y a des pays essentiellement importateurs et ceux qui ont leurs balances commerciales ou des paiements déficitaires. Il y a également deux ou trois pays qui tentent d'émerger. Nous l'avons souligné plus haut. L'économie africaine est aussi caractérisée par diverses zones monétaires. Le franc CFA est lié à l'euro.

Les autres monnaies sont liées à la zone dollar. Ses relations avec le reste du monde sont aussi variées. La Chine fait une entrée, mais, nombreux pays gardent encore les liens étroits avec les anciens marchés occidentaux qui fournissent les produits finis, les capitaux, les investissements étrangers, les aides au développement et qui accueillent aussi la part importante des exportations africaines : produits agricoles et minerais bruts. Sa liaison aux marchés financiers internationaux n'est pas encore bien développée. Très peu d'entreprises africaines participent aux mouvements des capitaux à l'échelle mondiale. L'Afrique entière ne totalise pas plus de 3% des investissements directs étrangers reçus au cours des dix dernières années.

Adrien Hart[113] estime que la crise aurait donné à l'Afrique la chance de sa deuxième indépendance. Ce qui veut dire que l'Afrique peut tirer profit de la crise et s'acquitter de ses relations de dépendance vis-à-vis de l'Europe. A ce propos, le crédo de la résilience est entendu partout comme résultat.

Dans ce contexte, il convient d'examiner les conséquences de la crise de la dette souveraine à plusieurs ni-

---

[113] Adrien Hart, Crise européenne : la 2ème indépendance de l'Afrique, in http://www.rewmi.com

veaux : l'évolution du marché des matières premières, l'évolution du marché de l'aide publique, l'évolution des investissements étrangers, le comportement des monnaies nationales face à la crise, l'impact sur le niveau de la croissance et sur celui de la consommation intérieure.

3.1. L'évolution des marchés mondiaux durant la crise

Avant la baisse actuelle des prix des matières premières, deux analyses présentaient leurs tendances contradictoires. Béatrice Héraud attribuant aux pays émergents (Chine) la source de l'évolution des tendances positives estimait que les besoins en ressources minérales, dans ces pays, conditionnaient le bon comportement des marchés. Leurs demandes tiraient vers le haut les offres. Ce qui revient à croire que les comportements des marchés européens ne déterminaient ni les prix, ni le volume des exportations africaines. Dans ces conditions, la crise de la dette souveraine ne pouvait pas avoir un impact réel sur l'offre des matières premières (production africaine). Ces pays, aidés par la consommation chinoise seraient épargnés des conséquences néfastes découlant de la contraction de la demande européenne.[114] Par contre, Hayat Gazzane constatait qu'au cours des trois mois qui ont précédé l'annonce de la crise grecque, il y a eu bel et bien le repli des prix du pétrole, des matières premières agricoles et des métaux de base. Seul l'or en est sorti plus fort ."[115] Hayat met en cause les angoisses dues au risque qui pesait sur la reprise de l'économie mondiale et les peurs dues au resserrement

[114] Béatrice Héraud, L'enjeu de la diplomatie du métal, in *www.digg.com*, Janvier 2012

[115] Hayat Gazzane, Figaro économique, 2012

du crédit chinois. Ainsi, le cuivre, l'aluminium, le pétrole, le nickel enregistraient des frictions, depuis les échecs des négociations sur la restructuration de la dette grecque. Les pays africains sensibles à cette menace sont essentiellement les producteurs du cuivre, du nickel, du fer, du pétrole, de soja.

Il n'y a pas de doute, les producteurs des matières premières, l'Afrique en premier lieu, subissent les conséquences d'une récession de l'économie européenne et asiatique. Ces deux marchés sont liés entre les deux. Le volume des investissements croisés entre l'Asie et l'Ouest est important, tel qu'il est difficile pour tout économiste de dissocier les effets de translation réciproque. La corrélation entre l'évolution des prix et la tenue des marchés financiers est avérée. Car, bien que la Chine soit le premier consommateur, il est noté que la hausse de la demande européenne était estimée à 50% en 2012. Mais avec le temps, ces prévisions sont réévaluées à la baisse. Et l'Europe ne produit que 3% pour une consommation évaluée à 20%. Par ailleurs, 14% du marché d'emploi européen dépend de l'industrie des matières premières.[116] Ceci porte à dire que le repli de la demande en Europe, repli dû à l'extension de la crise de la dette souveraine, pouvait toucher les économies des pays africains producteurs des minerais.

Les produits agricoles ne sont pas épargnés. Les prix du maïs et du soja ont aussi enregistré un repli au cours des mois qui ont précédé l'aggravation de la crise grecque. Les responsables africains pensaient que la baisse de l'euro par

---

[116] Béatrice Heraud, op cit

rapport au dollar serait bénéfique à leurs exportations. Il s'agit essentiellement des pays de la zone CFA. Leur arrimage à l'euro favoriserait le faible coût de la production destinée à l'exportation. La crise offrirait ainsi des opportunités d'améliorer leur concurrence. Mais, il ne faut pas dissocier la chute de la demande européenne avec la crise. Bien que la baisse de la valeur de l'euro puisse améliorer la concurrence par rapport au dollar, il n'est donc pas exclu que la forte baisse de la demande des produits miniers et tropicaux, puisse annihiler les avantages qu'auraient dû procurer la baisse de l'euro.

3.2. Le repli des investissements directs étrangers

Les prévisions optimistes de la banque mondiale pour l'année 2015 prévoyaient la hausse de la croissance économique de l'Afrique de l'ordre de 6% en moyenne. Depuis l'année 2010, constate la banque, l'Afrique est la région où la croissance « est restée robuste en 2010, à 4,9% », et a « affiché 5,9% en 2011, ce qui en fait l'une des régions en développement dont l'expansion est la plus rapide ». Les causes de cette croissance seraient l'intensification des flux d'investissement, l'augmentation des dépenses de consommation et les nouvelles exportations de minerais dans un certain nombre de pays. De ce fait, les prévisions d'accélération étaient de l'ordre de 5,3% en 2012 et 5,6% en 2013 ».[117] Ces prévisions optimistes des années passées ne sont plus de mise pour les années suivantes. Les réserves des analystes se sont imposées.

---

[117] Andrew Burns, Rapport de la Banque mondiale, éd 2011.

Nous avons souligné qu'il y a mille et une économies africaines. Les économies robustes sont celles de l'Afrique qui émerge. On pense au Ghana, à l'Afrique du Sud, à l'Egypte, au Maroc, au Kenya, etc. Les économies fragiles sont celles des pays mono producteurs des matières premières. Ainsi, les chiffres des investissements étrangers directs doivent être lus avec prudence. Il y a des pays qui sont bénéficiaires des flux diversifiés, profitant à des différents secteurs, et des pays qui reçoivent des flux destinés principalement au secteur primaire. Les chocs liés à la crise seront ressentis différemment. Les pays qui peuvent être fortement touchés sont ceux qui dépendent des exportations des matières premières. Nous vivons déjà cette expérience.

Une troisième remarque mérite d'être soulignée également. Les investisseurs étrangers peuvent observer une attitude prudente dans les cas de récession généralisée. La demande mondiale étant affectée, les choix des investissements s'orienteraient vers les secteurs porteurs. Il s'agira éventuellement des prises de participation dans des activités tertiaires où flexibilité et gains combinent. L'investissement foncier (hydrocarbures, agriculture intensive) pourra probablement attirer les multinationales. Cette prudence viendrait de la part des banques européennes qui accompagnent les investissements. Il s'agit principalement de BNP-Paribas, la Société Générale et le Crédit Agricole. Leurs filiales sont dans une dizaine de pays, notamment en Afrique du Sud, en Algérie, en Tunisie et dans la zone

CFA.[118] Elle viendrait aussi des multinationales américaines qui ont des parts importantes dans la chimie, le pétrole et l'agro-industrie africaine. Les investissements intra-africains sont encore très modestes. Seules quelques entreprises sud-africaines et nigérianes tentent leur développement dans l'espace africain. Mais, elles n'ont pas encore la force de combler le vide qui serait provoqué par le mouvement de désinvestissement prudentiel des firmes occidentales. C'est ce qui s'est produit lors de la crise des Subprimes en 2008/2009.

3.3.Les choix des investisseurs étrangers

Les pays émergents peuvent-ils compenser la sécheresse causée par le repli des autres pays européens ? Lorsque nous observons les données, il y a bien des flux financiers des pays émergents vers l'Afrique.[119] Durant des années, on assiste à une guerre de coopération bilatérale entre l'Afrique et ses multiples partenaires. Des fonds visibles ou virtuels sont créés pour soutenir la croissance. La Chine rivalise avec les autres membres du BRICS. Les partenaires traditionnels s'inquiètent et activent leurs forums. Preuve que l'Afrique attire les regards. Mais ces placements, sans exception, sont sélectifs. Par ailleurs, dans la mesure où la crise touchait l'économie de la zone euro, elle pouvait se répercuter sur les pays émergents et entraîner un repli de leurs activités. On voit mal comment la Chine, l'Inde ou le Brésil pourront se contenter d'orienter leurs

---

[118] Vitraulle Mboungou, L'Afrique et la crise de l'euro : entre pessimisme et optimisme , in www.afriqueexpansion.com, 2012

[119] Rétrospective 2011 des relations économiques & commerciales entre l'Afrique et ses partenaires émergents Note d'analyse n° 8, janvier 2012

activités, uniquement en fonction des espoirs fondés sur la croissance africaine. Le développement de ces pays est étroitement lié à leurs ouvertures vers l'Occident et l'Asie du Sud-est. La participation de l'Afrique à la croissance des BRICS reste modeste. Les BRICS sont très liés aux échanges avec l'Europe. L'Afrique ne participe qu'à la hauteur de 3% aux investissements directs étrangers. La pénétration des BRICS dans cette espace doit être relativisée.

Section 4.L'aide publique des BRICS est-ce un palliatif ?

4.1. L'aide au développement est en général en baisse

L'aide publique continue à s'afficher en vedette dans le vocabulaire économique. Les bénéficiaires, essentiellement, les pays pauvres de l'Afrique ne peuvent pas s'en passer. Sinon, la croissance des leurs économies en subit les coups durs. L'aide va, on le sait, à l'alimentation, aux infrastructures, à la santé, à l'équilibre des balances des paiements, au redressement structurel des économies, etc. Les données indiquent qu'en dépit de l'accroissement de l'aide chinoise, l'Europe et les États-Unis se positionnent en tête des donateurs. La crise de l'euro peut-elle exercer un impact négatif sur la qualité et le volume de cette aide ? La Chine et les autres pays émergents apportent aussi et de plus en plus une aide humanitaire. Mais, celle-ci peut-elle compenser la perte qui serait due au repli de l'aide européenne ? Le Canada a déjà supprimé de sa liste quelques pays africains.

La sortie de la crise implique, dans tous les pays de la zone euro, la maîtrise des dépenses budgétaires, les réformes des pensions, les plans de relance de l'emploi et l'amélioration de la compétitivité des entreprises. Les pays fortement touchés sont rappelés à l'ordre afin que la discipline budgétaire impose une contrainte des dépenses. La question que l'on peut se poser est de savoir si les dépenses liées aux contributions des Etats au sein des organisations internationales peuvent être affectées. La deuxième question est de savoir si les aides bilatérales seront aussi comprimées.

A première vue, les pays européens touchés par la crise sont ceux qui contribuent le moins, en termes de volume, à l'aide au développement. On peut donc dire que les autres pays de la zone euro vont maintenir leurs prévisions de l'aide au développement. Mais, ce que nous ignorons, c'est la manière dont ces pays vont gérer ces aides. Il est fort probable que le renforcement des conditions soit imposé aux pays bénéficiaires. Les aides multilatérales vont également être distribuées avec beaucoup de prudence. Les pays bénéficiaires vont donc assister à un contrôle sévère, dans la proclamation et la gestion des aides. La conséquence va se ressentir aux niveaux des pays dont les aides budgétaires sont plus que nécessaires pour la réalisation de divers projets de développement.

4.2. L'apport des pays émergents ne peut compenser la baisse

Il faut noter que les pays africains bénéficiaires de l'aide chinoise se pressent à la porte. En termes de volume l'aide est prometteuse. Les Autorités chinoises recourent à la publicité et exaltent leur générosité envers le continent. Notons cependant que l'aide des pays émergents est liée au commerce et aux investissements directs étrangers. Les pays qui en bénéficient le plus, à l'exception de l'aide humanitaire, sont ceux qui offrent également à la Chine les opportunités en matière d'accès aux produits stratégiques pour son économie. On a tendance à penser que l'arrivée de nouveaux donateurs sur le marché de l'aide est une aubaine pour les pays africains. Les taux d'intérêt sont faibles, voire nuls. Les délais de remboursement sont aménagés. L'expertise chinoise sur le terrain est avérée. L'aide n'est donc pas liée. Les anciens donateurs semblent se lasser. Donc, les BRICS constitueraient une nouvelle chance pour les pays qui manifestent encore les besoins immenses de financer le développement. Ils construisent les infrastructures, les usines, etc. Les pays émergents se présenteraient ainsi comme les sauveurs.

Non, la prudence s'impose dans la manière d'apprécier cette assistance. Ces aides sont une porte d'entrée sur les marchés africains. Elles finissent pars le maintien des pays dans une nouvelle forme de dépendance financière ; un piège qui se renferme sur les capacités d'autonomie financière des pays qui croient avoir découvert les mannes du ciel asiatique.

Section 5. Les effets sur les échanges commerciaux

5.1. Les échanges avec les BRICS sont négligeables

On annonce souvent avec insouciance que l'impact de cette crise serait négatif sur les échanges. Car les Africains échangent plus avec les pays émergents. Les pays émergents se substituent donc aux pays de la zone euro et sont devenus les régions de destination des d'exportations africaines. Autrement dit, les pays africains orientent de plus en plus leurs échanges vers les pays émergents ; la chute des échanges avec la zone euro n'a donc pas d'impact important sur le commerce extérieur des Etats africains. Cette thèse soutenue par les dirigeants africains demeure pas moins évidente. Les données démontrent que les balances commerciales des pays africains, pris dans leur globalité, sont déficitaires, vis-à-vis des pays émergents.

Figure 12. Principaux partenaires commerciaux des pays du BRIC en Afrique, en milliards de dollars(2010)

	Chine		Inde		Brésil		Russie	
Rang	Pays	Valeur (en milliards de dollars)	Pays	Valeur (en milliards de dollars)	Pays	Valeur (en milliards de dollars)	Pays	Valeur (en milliards de dollars)
1	Angola	24,80	Nigeria	9,82	Nigeria	7,40	Égypte	2,00
2	Afrique Sud	22,20	Afrique Sud	7,90	Algérie	3,40	Maroc	0,80
3	Soudan	8,60	Angola	5,00	Égypte	2,23	Afrique du Sud	0,52
4	Égypte	7,80	Égypte	3,20	Afrique du Sud	2,10	Tunisie	0,50
5	Lybie	6,60	Algérie	1,70	Angola	1,50	Nigeria	0,30
Total Afrique		**123,30**		**40,72**		**21,53**		**5,92**

5.2. La Zone Euro demeure donc le partenaire important

La zone euro reste importante en termes des échanges avec l'Afrique, quand bien même, les accords préférentiels, conclus dans le nouveau contexte de généralisation des préférences portent de plus en plus atteinte aux avantages issus des anciens accords de Lomé. Ce constat est valable tant pour les exportations que pour les importations.[120] Les conséquences sur le commerce extérieur de l'Afrique seront ressenties différemment, selon, la structure commerciale de chaque pays. Les pays qui ne disposent pas de commerce diversifié (produits et directions),

[120] Direction des statistiques commerciales (FMI), mars 2009

sont les plus sensibles au changement. La réduction de la demande de leurs produits par un ou deux principaux importateurs aurait des répercussions immédiates sur la santé de leurs économies. Nous pensons aux exportateurs des minerais ou des produits agricoles. Par contre, les pays qui s'efforcent de diversifier leurs exportations, notamment l'Ile Maurice, les Seychelles, le Maroc, etc., peuvent résister à la crise.

En ce qui concerne les importations, il est noté que la crise des années 2008/9 a renchéri les coûts des biens importés. Les pays dont les taux de change avaient connu une nette dépréciation ont été les plus affectés. La hausse des prix des produits alimentaires importés s'est avérée très néfaste. Et nombreux pays africains ont vu leurs capacités à répondre à la demande de consommation nationale, en baisse.[121]

Section 6. L'impact sur les monnaies nationales

6.1. La chute de l’euro n’améliorerait pas les performances de la zone CFA

La chanson entendue dès le début de la crise était celle d’une chance dont bénéficierait la zone CFA. Imaginons que l’euro perde sa valeur par rapport à de nombreuses devises : Yen, Dollar, Livre sterling, Franc Suisse, Rouble ; cette chute peut-elle être profitable aux économies africaines ? La réponse donnée par Gohou Danon est positive. Oui, dit-il, car la faiblesse de l'euro entraînera

[121] Pierre Jacquemot, L’Afrique subsaharienne dans la crise financière. Vulnérabilités, convoitises et résiliences, in www.iris-france.org, 2011

aussi l'amélioration de la compétitivité de la zone CFA (communauté financière africaine). Les coûts de la main-d'œuvre, les coûts des biens intermédiaires, les autres coûts connexes permettraient aux pays membres d'améliorer leurs exportations vers la zone euro. Car, dit l'auteur, "La zone franc CFA faisant entièrement partie de la zone euro à travers les mécanismes de taux de change l'arrimant à l'euro, le franc CFA aurait le pouvoir d'achat inchangé et bénéficierait à tout le moins de la faiblesse de l'euro. Ce qui suppose l'amélioration de la compétitivité dans les relations avec le reste du monde"

Cette assertion doit être prise avec prudence. Nombreux pays de la zone CFA n'ont pas diversifié les directions de leurs exportations. Ces pays sont encore étroitement liés aux échanges avec la France. Le trésor français a les regards sur la zone. Plus de dix banques françaises privées monopolisent les investissements étrangers dans la zone. Plusieurs entreprises françaises ont aussi investi dans la zone. La chute de l'euro ne va pas épargner la parité euro/ franc CFA. Il est probable qu'elle entraîne des pertes du pouvoir d'achat de cette monnaie. Car, la parité pourra être réajustée au vue des performances macroéconomiques dans la zone. Notons également que les réserves de change des Etats de la zone franc sont placées sur un compte commun du Trésor français. Mais, bien que l'accès soit illimité, comme le dit Mamadou Koulibaly[122], aucun pays de la zone n'est capable de dire quelle partie de cet argent durement gagné lui appartient. Seule la France a le privilège d'accéder à ces informations. Les opérations liées au

[122] Professeur Koulibaly fut Président du Parlement ivoirien

franc CFA sont secrètes et seul le Trésor français connaît montant des fonds appartenant aux pays de la zone franc placés sur les comptes d'opérations. Seul le Trésor français peut indiquer le niveau de rémunération ainsi que les frais de gestion de compte. Le système est donc opaque et autoritaire. Ce qui revient à dire que la chute de l'euro peut précipiter l'érosion des réserves de la zone CFA.

6.2. Que dire des autres monnaies ?

Ces pays peuvent être catégorisés en fonction des performances respectives. La santé de chaque monnaie est dictée par la performance de chaque économie. Mais d'une manière générale, on sait qu'ils sont presque tous exposés à l'évolution des taux de change des principales monnaies internationales : euro, dollar, livre sterling, yuan, yen, etc. Leurs économies sont caractérisées par les traits communs que sont : l'insuffisance des instruments de paiement, le niveau élevé des taux d'inflation, la faiblesse des taux d'intérêt réels, l'existence de faux billets, la volatilité des taux de change. Les effets de translation dictés par la faiblesse de l'euro et la récession qui en serait la conséquence, ne vont pas épargner les pans entiers des économies tournées essentiellement vers le marché européen. Dans la mesure où la monnaie euro chute d'une manière drastique, elle suggère la perte de sa valeur par rapport aux autres devises. Le renchérissement du dollar peut conduire ainsi à une détérioration de la compétitivité des pays dont l'arrimage au dollar est fixe ou flexible. Par ailleurs, la perte de la valeur de l'euro étant un signal de la récession dans la zone, elle suggère aussi l'état morose des affaires. Ce qui sous-entend que les pays africains vont être touchés par la mauvaise contagion de cette récession.

Section 7. Le transfert d'argent des immigrés connaitrait aussi une baisse sensible

7.1. Les immigrés transfèrent plus d'argent vers le continent

Il n'existe plus de doute sur l'apport des immigrés africains, en termes d'envoi des fonds vers leurs pays d'origine. La banque mondiale estime ces fonds de loin supérieurs à la totalité des aides reçues par les Etats africains. En 2005, les immigrés ont transféré l'équivalent de 160 milliards des dollars. Aujourd'hui, la part des migrants africains peut être estimée à plus de 40 milliards par année.[123] Concrètement, ces importants transferts de fonds représentent entre 9% et 24% des PIB des pays africains et entre 80% et 75% de l'aide publique au développement selon Séverine Deboos du projet BIT/Migrant basé à Dakar. Les pays d'origine des transferts sont l'Espagne, la France, les Pays Bas, la Belgique et l'Italie. Ils sont situés dans la zone euro. Lors de la crise des Subprimes, en 2009, la Banque mondiale a estimé la baisse de l'ordre de 9% des transferts. Une autre étude réalisée par Pierre Jaquemot indique les transferts de revenus des travailleurs africains à l'étranger, lesquels avaient atteint près de 20 milliards de dollars en 2008, ont été affectés par la récession en Europe et aux États-Unis, qui sont pour les trois quarts a l'origine de ces transferts.

---

[123] Sending Money Home to Africa, Rapport du Fonds international pour le développement agricole (FIDA). ed 2009

7.2. La baisse de la croissance dans la zone euro entrainerait la chute des transferts

Selon cette analyse, une baisse de 1% de croissance dans les pays hôtes se traduit par une chute de 4% des envois de fonds. Ces transferts représentent plus de 35% du PIB au Cap Vert, de 20% au Lesotho et aux Comores, et de 10% au Liberia, au Sénégal ou au Mali. De même, au Ghana, 15 % de la population vit à l'étranger et les transferts sont estimés à un quart du PIB. La situation de ces pays est analogue à celle des autres. Par exemple, les 2,4% de la population des migrants sont établis en Espagne ; ils envoient 14% du total des transferts. Les Sénégalais établis en Italie, soit 2,6% de la diaspora du pays contribuent avec 23%. Il est donc évident que la perte de l'emploi qui peut affecter les migrants africains va toucher nombreuses familles, tant dans les centres urbains que dans les villages. Les transferts sont parfois de loin supérieurs aux budgets des villes.

CHAPITRE 4

LES RELATIONS PARTICULIERES AVEC LA CHINE

Introduction

Les analyses consacrées aux relations entre la Chine et l'Afrique peuvent être résumées sous deux angles : une chance selon les uns, un piège selon les autres. Une chance parce les pays africains découvrent un nouveau partenaire. Nouveau, mais qui était déjà sur le terrain durant des années d'une manière timide. Sa nouvelle relation marquerait toute de même la fin du pré carré vécu durant des années par les ex-colonies et augure l'ère de « win win », permettant du coup de profiter de nouvelles sources de coopération au développement accordées par la Chine sans conditionnalités.

Un piège pour certains, parce cette relation, bien que nouvelle, elle s'inscrit dans la logique des anciennes traditions de dépendance. Ce qui suppose des sérieux risques de désenchantement, selon James-William Gbaguidi.[124] La Chine exploite l'accès aux marchés des minerais, du bois et des terres. Tandis que l'Afrique, réservoir des matières premières, demeure également le récipient des produits « made china ». Ses investissements n'induisent nécessairement pas les effets d'entrainement : savoir-faire, emploi qualifié, transfert réel des technologies, formation des agglomérations, excédents des recettes fiscales, affermissement des marchés intérieurs. La chine fait les doux yeux par sa politique des cadeaux : bâtiments collectifs (Palais), une centaine d'hôpitaux et dispensaires, une trentaine

[124] Les BRICS en Afrique : Ambitions et réalités d'un groupe d'influence ; Afrique contemporaine 2013 | 248

d'écoles, des bourses d'études. Mais, elle investit en Afrique, à travers l'accès aux marchés publics : réhabilitation des bouts des routes et des chemins de fer, aménagement des aérogares, réfection des trottoirs et des avenues et construction des centrales hydroélectriques. Elle y gagne, parce qu'elle soutient par le fait, les firmes à s'étendre là où la méfiance n'autorisait pas, il y a peu de temps.

En somme, l'Afrique semble dorlotée, cajolée sur les joues par des aides piégées. Mais, la croissance qui en découle renforce le caractère extraverti des économies dont le trait dominant est la mono production. C'est ainsi que d''aucuns se demandent à quand les effets de la croissance ? Mais la réponse se fait attendre.

Section 1 : Des forums de partenariat avec l'Afrique font légion

1.1. Anciens et Nouveaux partenaires se bousculent

Les sommets se succèdent à un rythme qui ne peut laisser l'intellectuel indifférent. Chaque année, une date est proclamée pour une réunion. L'année 2005 a été proclamée année de l'Afrique par la communauté internationale. L'optimisme continue à envahir les salons des experts qui pensent que l'Afrique émerge bientôt. Depuis 2005, l'Egypte a abrité le sommet de NEPAD. Ce programme initié par les Africains avec l'aide des Etats-Unis vise, notamment la bonne gouvernance et un nouveau partenariat international qui modifierait le rapport inéquitable entre l'Afrique et les pays industrialisés. Il (programme) est le contrepoids des ambitions que la Francophonie s'est donnée dans sa politique de barrage contre l'hégémonie anglo-saxonne.

En même temps que se tenait ce sommet, un autre a ouvert ses portes à Jakarta (Indonésie) en vue de redynamiser l'esprit de Bandung (1955) basé sur le triptyque "Amitié, Solidarité et Coopération", dans la perspective de la mise en place d'un Nouveau partenariat stratégique Afrique-Asie. Au cours de la même période le sommet Etats-Unis-Afrique se tenait aussi à Baltimore (Maryland). S'inscrivant dans le cadre de l'AGOA (Africa Growth and Opportunity Act) qui est à sa phase II, le forum a réuni plusieurs participants américains et africains (les chefs d'Etat y compris) autour de plusieurs ateliers allant du commerce au développement. Ce n'est pas tout. Le Japon fait également des yeux doux aux Africains. En 1993, la Tokyo International Conference For African Development (TIGAD) a été inaugurée. Aujourd'hui ces réunions se tiennent annuellement. L'Union européenne n'a pas non plus lâché ses anciens protégés. Se conformant à l'esprit de l'OMC, la nouvelle convention dite de Cotonou aménage le partenariat avec les ACP a maintenu les préférences tarifaires jusqu'au 31 décembre 2007. À partir de 2008, elles ont été remplacées par des accords de partenariat économique (APE) réciproques ou par d'autres arrangements commerciaux négociés à partir de septembre 2002. Ces accords doivent être compatibles avec les règles de l'Organisation Mondiale du Commerce (OMC). Tous les pays ACP sont invités à les signer en tant que groupe ou à titre individuel, en tenant compte de leur propre processus d'intégration régionale.

La Chine, nouveau partenaire, a aussi renforcé des liens avec l'Afrique depuis la création du forum annuel sino-africain en octobre 2000. Le tout récent sommet vient de se tenir à Johannesburg à la fin de 2015 avec une promesse de 65 milliards des dollars aux profits des économies africaines. Les objectifs visés sont traduits dans la déclaration de son ministre des affaires étrangères au cours de ce forum : « débloquer des fonds spéciaux destinés à encourager les entreprises chinoises à investir et à développer leurs affaires en Afrique ; accroître les exportations africaines vers la Chine selon le principe de priorité sous réserve des offres pareilles, afin d'augmenter les recettes en devises des pays africains ; réduire ou annuler des dettes des pays africains vis-à-vis de la Chine et soutenir un développement durable dans ces pays ; créer un fonds de mise en valeur des ressources humaines en Afrique en vue de former davantage de personnes qualifiées au service de l'édification sur ce Continent »[125]

Si nous croyons à la bonne foi des tous ces partenariats, il y a lieu de penser que l'Afrique tombe enfin dans des bonnes mains. La Chine, en dépit de ses disparités et ses inégalités de vie, est comptée actuellement parmi les grandes puissances commerciales du monde. Son économie connaît une croissance soutenue de plus de 6% par an. Sa part dans la croissance du commerce mondial était de

[125] Livre blanc : Le FOCAC comme moteur des relations sino-africaines, résumé ;(Xinhuanet ,24/12/2010.

16 % en 2009. Elle continue à grimper. Quelle aubaine que de tendre ses bras vers ce pays ! Ainsi, l'Afrique vit une phase très agitée à l'ère de la mondialisation. Elle accuse un écart drastique en matière de la croissance et du développement. Plusieurs causes sont à la base de cet écart, si pas ce retard. Les économistes refusent ce terme. Pour se leurrer, ils préfèrent dire : développement autrement. En dépit de ce détour intelligent, le monde sait que l'Afrique se sous-développe autrement ! La coopération tous azimuts s'active à ce sujet. Toutes les puissances industrielles semblent se mettre à pas en vue de venir au chevet de ce malade de tous les maux : mauvaise gestion des sociétés, corruption politique, guerre ethnique, décomposition des Etats, déperdition des mœurs, chômage, etc. Quels avantages ces nouveaux partenariats rapportent ?

1.2. Les avantages attendus : croissance et intégration dans l'économie mondiale

Ce qu'il faut retenir de particulier dans ce nouveau paysage commercial est le fait que la fin de la guerre froide avait inauguré la doctrine commerciale dite terrain nivelé. Elle veut dire que l'Afrique cessait d'être la chasse gardée (pré carré) de la francophonie ou de Commonwealth. La globalisation oblige aujourd'hui les anciennes puissances commerciales de faire la course à la Chine et à l'Inde. Les autres puissances, tenues à distance y prennent aussi, et de plus en plus, une part active. Cette phase de multi partenariat répond plus ou moins à une des obligations des observateurs qui, jadis, attribuaient l'échec de la croissance et du développement de l'Afrique à son manque de diversification des partenaires et au maintien des liens commerciaux de dépendance trop étroits avec les ex puissances coloniales.

Les promesses et les déclarations que véhicule ce multi partenariat laissent penser que les erreurs commises dans le passée : aide liée au commerce, protectionnisme des marchés, maintien de l'Afrique dans la division internationale du travail traditionnelle, détérioration des termes de l'échange, prix imposés, dépendance politique, etc., vont afin trouver des remèdes.

Autrement dit, les espoirs d'un ordre égalitaire s'instaurent avec la libéralisation des échanges et l'entrée en scène des autres pays émergents du Sud, en occurrence la Chine. Ce qui permettrait enfin l'accroissement des bénéfices dus à des possibilités de tirer profit de nouvelles relations fondées sur l'égalité des partenaires. En réalité, comme le signifie P.Hugon, le secteur minier et énergétique représente globalement deux tiers des exportations de l'Afrique subsaharienne. Ces ressources naturelles participent à des enjeux mondiaux. Le capital naturel représente en Afrique 26% de la valeur du capital total (immatériel, technique) contre 2 à 3% pour les pays développés. Les ressources minières les plus importantes du continent sont concentrées en Afrique centrale et australe (Afrique du Sud, RD Congo, Angola, Zambie, Zimbabwe, Namibie et Botswana). Ainsi 95% du chrome se trouve en Afrique du Sud et au Kazakhstan. L'uranium se trouve notamment en Namibie et au Niger. Les ressources minières (hors pétrole et gaz) contribuent à 5% des exportations de l'Afrique de l'Ouest. » La mondialisation ainsi que le bilatéralisme commercial avec le Nord participent à la construction des pièges dans lesquels les Africains se renferment à défaut d'une imagination créatrice de mettre en marche des économies nationales autonomes. Pour quelles raisons ?

Section 2. Mais la Chine n'invente pas un nouveau capitalisme

Si nous examinons de près les nouveaux liens de partenariat qui se tissent et s'intensifient, notamment en analysant la structure et la composition des échanges, la nature des aides et des investissements directs, il se dégage une conclusion qui n'étonne pas, et à laquelle nous nous attendons. La Chine n'invente pas de nouvelles règles d'économie libérale. Elle est, certes, communiste, mais elle pratique le productivisme de la même manière que les autres pays occidentaux l'ont pratiqué au début de l'industrialisation. En Afrique, elle récupère le terrain laissé à l'abandon par l'Occident.

Autrement dit, il n'existe pas un nouveau modèle des rapports économiques entre elle et l'Afrique. La compétitivité, le profit, les bas prix, l'exploitation de la main-d'œuvre, le transfert des dividendes, l'évasion fiscale, l'entretien de la division internationale du travail traditionnelle, l'exploitation à outrance des ressources naturelles, la prédation, le dumping social, etc., tous ces traits qui caractérisent les rapports dans les relations économiques internationales contemporaines ne sont pas absents dans les relations entre la Chine et l'Afrique. C'est une deuxième puissance économique qui a besoin de raffermir son espace allant au-delà des frontières nationales. Plusieurs preuves peuvent être évoquées.

2.1. L'Afrique maintient son rôle de pourvoyeuse des matières premières

Le continent, continue d'assumer son rôle traditionnel de fourniture des matières premières et d'importatrice des produits finis. Les termes de l'échange avec la Chine ne contredisent pas cette vérité. Bien que les produits « made in China » soient les moins chers, ils ne sont pas vendus à perte, en dessous des prix des matières premières importées de l'Afrique. Bien sûr, on a noté une hausse ces dernières années, hausse tirée par la demande. Et Gary K. Busch pensait à ce sujet que la Chine a l'avantage d'être non européenne, donc plus proche des Africains. Elle n'est pas une ancienne puissance colonisatrice. Elle se distingue par son approche. Elle représente un palliatif et une chance énorme de renouveau économique pour les Etats africains. Mais, c'était ignorer que les prix des matières premières ne se négocient pas de gré à gré entre l'importateur et les fournisseurs. Il y a bien les bourses des produits agricoles et de minerais dans plusieurs villes chinoises. Les pays africains ne fixent pas des prix. Le marché étant globalisé, il répond aux conditions de l'offre et de la demande, sans intervention publique aucune, de la part de la Chine, en faveur des producteurs africains.

Certes, le commerce extérieur chinois avec le continent africain a atteint le chiffre de 166,8 milliards de dollars américains, en 2015, soit plus ou moins 10% des exportations totales de la Chine vers le monde. On a estimé que le montant de 300 milliards des $ peut être atteint en 2015.[126] Les principaux partenaires sont l'Angola, le Soudan, l'Algérie et le Nigeria. Ces échanges n'étaient que de l'ordre plus ou moins 10 milliards de dollars en 2000. Mais les chiffres profitent plus à la Chine qu'aux pays africains. Et l'évolution des exportations africaines est fonction du comportement global de la demande mondiale des matières premières.

Figure 13. Cinq premières importations chinoises en provenance d'Afrique en millions de dollars et en pourcentage (2010)

Rang	Code SH	Description de produit	Valeur (millions de dollars)	Part en (%)
1	2709	Huiles de pétroles et autres huiles obtenues à partir de produits bitumineux (M)	40 370,97	63,58
2	2601	Minerais et concentrés de fer ; notamment fer grillé (P)	4 686,80	7,38
3	7403	Cuivre et alliages de cuir raffinés, non forgés	1 986,07	3,13
4	7402	Cuivre non raffiné, anodes de cuivre pour électrolyse (R)	1 817,36	2,86
5	7110	Platine, non forgé ou semi-manufacturé (Po)	1 555,06	2,45
5 premières		**Part en % cumulative des importations totales**		**79,40**

Source : Statistiques douanières chinoises dans l'Atlas du commerce mondial, analyse TRALAC

[126] Nations Unies, Commission économique pour l'Afrique ; Coopération entre les Brics et l'Afrique : conséquences sur la croissance, l'emploi et la transformation structurelle en Afrique, 2013

La Chine adapte ses importations à cette évolution. Lorsque les prix du pétrole et du cuivre baissent, la Chine ne propose pas un prix avantageux aux exportateurs africains. Pas plus, elle achèterait pour plaire aux pays qui auraient besoin de produire davantage, même lorsque la demande baisse.

2.2. L'agressivité commerciale chinoise marginalise l'Afrique

Nous venons de le voir, la Chine n'invente pas une nouvelle économie. Elle pratique le capitalisme agressif, recherche des partenaires avec qui elle fait des bénéfices. Elle pratique la compétition commerciale agressive, creuse des déficits des balances de paiement des partenaires, recourt au dumping social (ses travailleurs sont sous-payés), maintient sa monnaie, le yuan, à un niveau sous-évalué par rapport au dollar américain, incite les firmes publiques exportatrices par ses subventions, investit ses capitaux sur les marchés porteurs. Elle bouscule les prés carrés anciens.

Certes, pouvons-nous imaginer qu'elle compense cette pratique par les dons et les prêts bonifiés des taux d'intérêt. On le sait, elle coopère avec tous les pays africains ; au cours de l'année 2010, son Président a visité 17 pays africains. En 2015, elle a promis une enveloppe de 65 milliards de $ destinés à soutenir les projets en Afrique. Bel exemple d'une amitié sans arrière-pensée ? N'oublions pas que la Chine pioche dans les sillons des structures économiques entretenues jadis par l'Occident : communication, voies ferrées, routes, bois, construction des barrages, mines du cuivre et de fer, etc., sans innover, ni apporter un savoir-faire nouveau, hautement qualifié.

Figure 14. Principaux pays partenaires commerciaux de la Chine en Afrique, en millions de dollars (2010)

Rang	Par total échanges	Valeur (en millions de dollars)	Premières destinations exportations chinoises	Valeur (en millions de dollars)	Premières sources d'importations chinoises	Valeur (en millions de dollars)
1	Angola	24 813,60	Afrique du Sud	10 807,19	Angola	22 809,91
2	Afrique du Sud	22 230,80	Nigeria	6 694,59	Afrique du Sud	11 423,58
3	Soudan	809,38	Égypte	6 039,18	Soudan	6 654,05
4	Nigeria	763,05	Liberia	4 386,32	Lybie	4 505,63
5	Égypte	656,87	Algérie	3 999,09	Congo	3 154,69
6	Lybie	667,03	Maroc	2 484,25	Zambie	2 549,22
7	Algérie	5 173,36	Bénin	2 273,21	RDC.	2 466,34
8	Congo	3 508,33	Lybie	2 061,39	Algérie	1 174,27
9	RDC	2 940,09	Angola	2 003,71	Nigeria	1 068,47
10	Maroc	2 934,01	Soudan	1 955,33	Mauritanie	968,40
Pourcentage du total		**74,19%**		**71,38%**		**89,42%**

Source : Statistiques douanières chinoises dans Atlas du commerce mondial

L'industrie de transformation, à mains d'œuvre abondante ne l'intéresse pas en Afrique. Elle privilégie le secteur primaire, les travaux publics, les services (communication) ; elle n'investit pas dans la production des biens d'équipement ni dans la production locale des produits semi finis, utiles à l'industrie africaine. Ses aides sont liées au même titre que les aides occidentales. Son appétit de croissance n'est donc pas différent de celui des autres puissances commerciales occidentales. Le trait dominant de ce partenariat est le clientélisme : la pratique de taux de douane zéro en faveur des pays dits les moins avancés. Et dans l'ensemble, le déficit commercial africain est plus important, comme le démontre la figure ci-dessous.

Figure 15. Principaux pays excédentaires et déficitaires par valeur, en millions de dollars (2010)

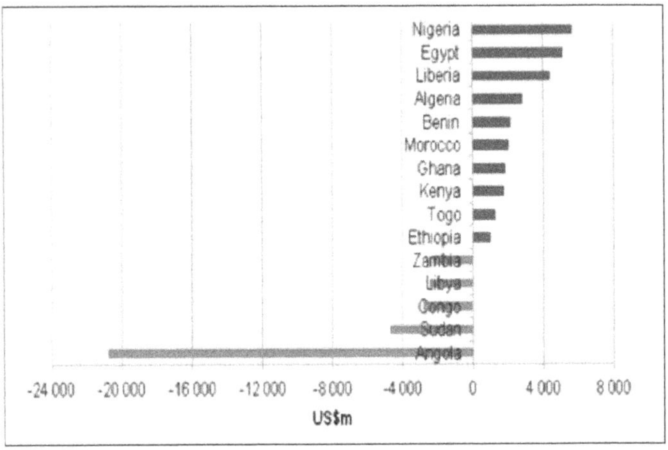

Source : Statistiques douanières chinoises dans l'Atlas du commerce mondial

2.2.1. Ses investissements en Afrique n'entrainent pas les effets multiplicateurs

Seuls les pays qui disposent des outils techniques propres, c'est-à-dire, des pays ayant des unités de production à rendement élevé sont ceux tirent quelque peu avantages du boom chinois. Les pays dont les industries du temps colonial sont en ruines accusent un recul de leur développement en dépit de la prolifération des partenariats. Ainsi, malgré les aides techniques et aides aux projets de la Chine dans tel ou tel secteur, les économies africaines en déperdition ne réussissent pas à se remettre sur les rails. Pour preuve, on ne trouve pas de savonnerie, des biscuiteries, des ateliers des textiles et habillements, des industries chimiques, des champs de cultures pérennes, des raffineries ou des constructions navales et aériennes, tous neufs, aménagés par la Chine pour le soutien de la croissance interne des pays bénéficiaires. Quelques ateliers de montage des outils agricoles sont au Kenya, au Mali, en Ethiopie. Aucune industrie chinoise florissante en Afrique n'a donné naissance à de nouvelles villes à l'instar de l'effort de développement entrepris jadis dans les colonies. Théoriquement, les investissements chinois ne s'inscrivent ni dans le schéma de complémentarité ni dans celui de substitution aux importations.

Figure 16. Investissements chinois en Afrique (Jeune Afrique)

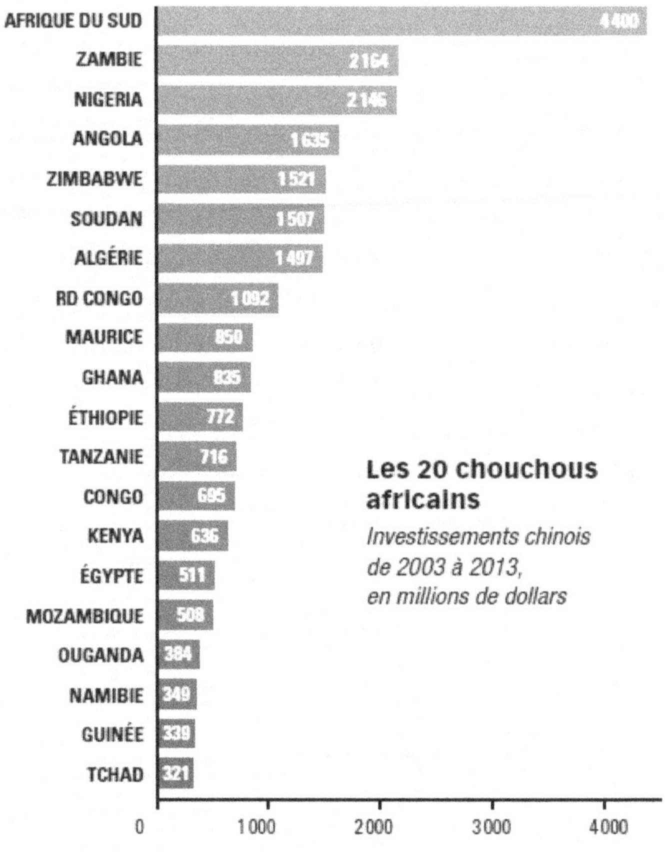

2.2.2. Sa coopération ne développe pas

Souvent, on attend dire que l'Occident n'a rien fait en Afrique. La colonisation a eu pour but d'alimenter les industries occidentales. Elle a entrainé avec elle la dépendance, l'exploitation, la négation de l'identité des colonisés. Elle a détruit les bases de l'économie africaine. Cette critique a soulevé les débats et a nourri les théories, notamment celle de la déconnexion et de l'exploitation du Tiers Monde.

Avec un peu de recul, on doit admettre que l'Occident a érigé des fourneaux là où il n'existait que la brousse et la poussière. Durant 60 ans l'Afrique était sortie de l'ombre. Outre l'exploitation des ressources naturelles, il y a eu également le début d'une industrie légère agro-alimentaire. Les ponts, les routes, les villes, les barrages hydroélectrique, etc., ont vu jour en Afrique. L'Occident a soigné les maladies, a formé les universitaires, les techniciens, les médecins, les ingénieurs, les mathématiciens, les chimistes, les économistes, etc. Ne pas reconnaitre ces faits, c'est ignorer que l'Afrique est sortie de l'ombre qui a caractérisé sa période précoloniale. Nous ne nions pas le fait que les Métropoles occidentales ont exploité les ressources au profit des grandes firmes industrielles. Que la colonisation a entretenu le marché de l'emploi et permis le transfert des capitaux vers l'Occident. Nous ne nions pas que l'ouvrier africain était soumis, mal payé et exploité. Mais, derrière ce cliché, il y a eu aussi un gain formidable : formation, santé, alimentation, habitat, initiation à l'administration, prise de conscience.

Que fait la Chine ? Des cathédrales, des universités, des centres de recherches contre les maladies tropicales, des centres de développement agronomiques ? Des bateaux, des avions, des trains ? Des ponts et des autoroutes en faveur des Africains ?

Non. La Chine ne crée pas des nouveautés. Elle réhabilite çà et là quelques ouvrages construits jadis. En d'autres termes, la Chine n'exporte pas son industrie de transformation. Elle n'exporte pas sa nouvelle technologie. Elle greffe son savoir-faire sur les créneaux existant (prise des participations dans des firmes ou exécution des contrats des travaux publics juteux). C'est dire qu'elle intervient là où la nécessité de renforcer les capacités d'exploitation locale des matières premières utiles à son industrie s'impose. Quatre pays : Angola, Nigéria, Soudan et Algérie concentrent plus de la moitié des investissements. Notons que la Chine étant dans sa phase de maturité, elle est un gros importateur des biens d'équipement (+105% pour des appareils de mesure et instruments scientifiques par exemple. Donc, elle n'est pas encore fournisseur des produits semi finis destinés à l'industrie africaine. Elle est par contre un grand demandeur qui attire les firmes occidentales délocalisées vers son marché intérieur en vue d'en tirer un grand profit.

Comme, on peut lire la figure suivante, 61% des aides chinoises sont liées aux besoins de ses industries nationales exportatrices du savoir-faire et du matériel. Il s'agit, nous l'avons souligné, des industries chinoises qui s'occupent de la réhabilitation des tronçons des routes et des chemins de fer, de la construction des immeubles à intérêt collectif, de la construction des centres hospitaliers. Et, les équipements sont directement importés de la Chine. C'est donc un soutien indirect aux entreprises des travaux publics chinois.

Figure 17. La répartition de l'aide chinoise par secteur

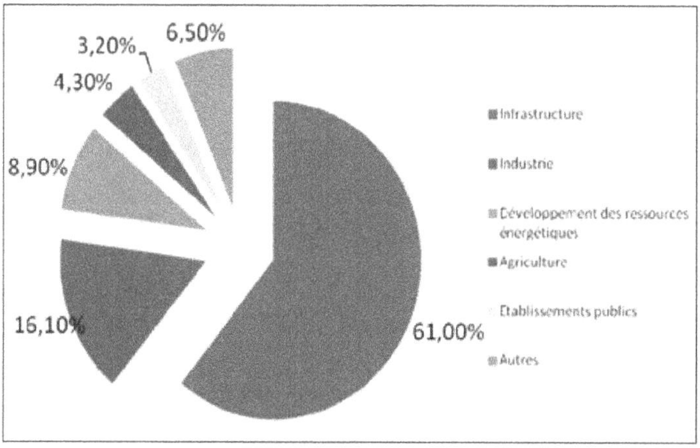

Source : Livre blanc sur l'aide étrangère chinoise, publié par le Bureau d'information chinois de Conseil d'État, 2011

A l'époque de la découverte de l'Afrique, l'Occident, a certes, entretenu le même schéma de dépendance et de division du travail entre le Nord et le Sud. Mais la Chine n'innove pas. Elle creuse cette liaison en profondeur. Elle contribue à renforcer les mêmes liens de dépendance. Elle n'apporte des capitaux frais que pour entretenir les secteurs liés à son propre commerce extérieur. Ses investissements directs, à l'étranger, jouent, avant tout le rôle de locomotive de ses exportations.

Sans doute, il y a un lien direct entre la vente des téléphones mobiles made in China et ses investissements à l'étranger dans la télécommunication. Il y a un lien entre l'électrification au Soudan et les besoins d'importation du pétrole. Il y a un lien entre les supermarchés au Lesotho et l'exportation de ses produits finis. Il y a un lien entre l'usine des explosifs en Zambie et les besoins du cuivre en Chine. Il y a également un lien entre la construction du barrage au Soudan et l'importation du pétrole.

L'ouverture vers la Chine contribue donc à renforcer la structure traditionnelle du commerce extérieur de l'Afrique noire, l'insérant davantage dans la division classique du travail. L'Afrique du Sud, le Nigeria, le Gabon, l'Angola (exportateur du pétrole et gaz) sont donc des principaux partenaires. Ainsi, pour des raisons d'approvisionnement en énergie, la Chine dont la consommation du pétrole est estimée à plus de la moitié la production totale du Moyen-Orient garde des liens privilégiés avec le Nigeria, le Soudan, l'Angola, principaux producteurs. Elle lorgne également sur les ressources minières de la Mauritanie et du Congo Kinshasa, pour l'alimentation de son industrie métallurgique. Les données officielles relatives aux importations au cours de l'an 2010, indiquent que le pays consomme 25% de tout le cuivre à travers le monde, 40% du charbon, 35% de l'acier, 10% du pétrole et premier importateur d'aluminium. Les produits les plus dynamiques ont été le pétrole (+55%) le gaz (+24%) et les produits chimiques. Les biens intermédiaires destinés à l'assemblage constituant 40% de la demande d'importations : composants électroniques (+44%), machines-outils (+40%) et véhicules (+83%), instruments et équipements divers viennent par contre des pays occidentaux, du Japon et de l'Asie du Sud/Est.

2.2.3. Les échanges profitent plus à son économie

Dans les échanges avec le Sud, quelques pays émergents tirent l'épingle du jeu. Il s'agit de Chili (cuivre) du Pérou (Cuivre), du Brésil et de l'Argentine. Il s'agit de ses partenaires sud-américaines. C'est aussi de ces pays que la Chine importe davantage le soja, l'huile de palme, le coton, le zinc, l'étain, etc. Par contre les pays africains se retrouvent en grande difficulté du fait qu'ils subissent la plus forte concurrence des produits made in Chine. Selon Christian Chavagneux, le pays fabrique 70 % des jouets, 55 % des appareils photos, 29 % des téléviseurs et 24 % des machines à laver vendus dans le monde. Voilà ce qui creuse les déficits commerciaux avec le reste du monde. L'excédent de ce commerce ne profite pas aux Africains. Les matières premières africaines sont achetées au prix bas, fixé par les négociants chinois. Au Congo Kinshasa, la Chine achète les minerais bruts non extraits, sous la forme naturelle de terre. Elle n'amène ni pioche ni pèle ni un bulldozer. La terre fraîche est extraite des carrières par des paysans, des femmes et des écoliers.

Ils l'acheminent vers les centres de négoce. Les prix sont déterminés par l'acheteur, en fonction de la teneur en minerais. Les camions entiers transportent ces mas de terres vers l'extérieur (Afrique du Sud) où elles sont traitées dans des usines, à l'insu du gouvernement congolais. Quels sont les minerais qui y sont extraits ? Quel est leur revenu réel ? Que gagnent les négociants chinois ? Personne ne peut répondre. Tout ce que l'on sait est que le paysan abandonne son champ, l'écolier n'étudie plus, l'ouvrier ne travaille qu'à moitié, tout le monde est dans la carrière, à la recherche d'un hypothétique revenu de la vente des terres brutes aux Chinois.

2.2.4. Ses exportations à bas prix tuent l'industrie locale

Peut-être, pense-t-on, le fait d'importer des biens finis à des prix réduits, sans taxes douanières, comparativement aux biens produits en Occident serait un avantage pour les Africains.[127] En effet, s'il y a réellement un avantage, il ne peut se mesurer qu'en examinant l'évolution de l'épargne intérieure des ménages et le niveau de leurs consommations. Il peut y avoir un avantage pour les Africains dans la mesure où leurs importations renforcent les capacités locales des industries naissantes. C'est-à-dire qu'elles concernent essentiellement des biens d'équipement et des produits intermédiaires. Mais ce n'est pas le cas ! L'Afrique importe les textiles, les chaussures, les instruments de mesure, les produits électroniques, les jouets, les téléphones mobiles.[128] Il est supposé aussi que les coûts faibles des biens « made in China » permettraient aux ménages africains d'épargner le reste des revenus ou d'augmenter les niveaux de leur consommation. Or, il s'avère que le niveau des consommations des ménages n'évolue pas. Deux pays (Afrique du Sud et le Nigeria) totalisent eux seuls, plus de la moitié des importations totales des produits intermédiaires en provenance de la Chine. En dépit du volume des échanges avec l'Afrique, plus ou moins cinq pays y participent effectivement. Les échanges avec d'autres pays

[127] Il s'agit, comme le souligne Emilio Cominotti, de la stratégie de prédateur, à savoir : sécuriser les approvisionnements en énergie et en matière premières. in, Le monde Diplomatique, 2005

[128] Lire le mémoire de Awuve Koffi Afetogbo Azilan :Les enjeux de la coopération sino-africaine, ENA, Togo, Mémoire on line

restent négligeables. Les grandes zones commerciales de la Chine avec le reste du monde restent constituées par le triangle Europe-Amérique-Asie du Sud/Est, d'où la Chine importe ses biens d'équipement. Et même si le souhait était de voir tous les pays africains participer activement aux échanges avec elle, nous ne pouvons pas ignorer les effets pervers qui en découlent. La Chine est la tueuse des industries locales. Elle exporte moins cher, envahit les marchés extérieurs et emporte sur son chemin des usines moins performantes (coûts de production élevés), tuent des milliers d'emplois chez ses partenaires.

Le pays met à la disposition des investisseurs intéressés au continent africain un fond de plusieurs milliards de $.[129] Ces aides aux entreprises permettent de réduire les coûts internes de production et améliorent la compétitivité. En conséquence, quelques industries locales sont touchées. Au Congo, par exemple, l'industrie textile en a pris les coups. Utexafrica (Congo) a accepté d'être avalée par Cha (groupe chinois). Au Mali et au Nigeria, les mêmes faillites ont été enregistrées dans le secteur.

Certaines analystes se limitant à constater l'accroissement du volume des exportations des produits manufacturiers africains vers la Chine et vers d'autres pays émergents (Inde, Turquie, Corée du Sud) crient vite et vantent les avantages issus de la présence chinoise sur le continent. Mais, ces analyses n'explorent pas les obstacles non tarifaires que rencontrent les Africains. Elles ne chiffrent

---

[129] Actuellement, plus de 800 entreprises chinoises sont présentes en Afrique. On compte aussi plus ou moins 8OO mille émigrants sur le continent

pas la part propre des entreprises africaines dans ces exportations. Elles ne notent pas le nombre des pays qui en sont bénéficiaires.[130]

Les Chinois ont ainsi réussi à pénétrer le marché par cette voie, tout en bénéficiant des exonérations sur les taxes et droits d'importation sur les matières premières, les pièces de rechange, les machines, les matériels, équipements et consommables, ainsi que quelques avantages sur la consommation énergétique. Cette fusion a sans doute entraîné une perte de milliers d'emplois. Il en est de même pour d'autres pays africains. Les importations des textiles en provenance de la Chine menacent toute la filière coton.

2.2.5. L'assistance technique n'est pas gratuite

La Chine, pense-t-on, aide plus qu'elle ne reçoit. Son bénévolat serait porteur de l'espoir, beaucoup plus bénéfique que l'aide liée accordée par l'Occident. Etant plus proche du Tiers Monde, elle aurait un regard humaniste, et elle milite en faveur de la suppression de la dette des pays africains. Ses dons sont plus importants que les prêts. Ses taux d'intérêt.

Que faut-il retenir ? Dans l'ensemble, l'aide au développement accordée à l'Afrique noire est en nette régression. Les Etats-Unis ont diminué leur assistance de moitié, depuis le début des années 90. Celle-ci est passée de deux milliards de $ à un milliard par année. Elle privilégie les accords bilatéraux avec les pays situés dans la zone utile,

---

[130] Centre de développement de l'OCDE, De nouvelles opportunités pour les produits manufacturés africains, Ed 2012

de la côte ouest. Et ses cotisations au sein des organisations internationales accusent des retards. Seul le Japon a augmenté son aide de 792 millions de dollars à un milliard de dollars entre 1990 et 1994. L'aide de l'Union européenne s'est aussi accrue sous la Convention de Cotonou de 15 milliards d'euros. Mais, il faut vite dissocier les promesses et les décaissements réels. La pratique démontre que l'aide de l'Union européenne s'inscrit dans le schéma des promesses. Les bénéficiaires sont soumis à des contraintes et elle est aussi bien liée que l'aide bilatérale.

L'opinion estime à ce sujet que la Chine est un meilleur exemple. Ses aides sont presque gratuites et désintéressées. Il est vrai, on compte plus de 900 projets d'assistance technique entrepris par la Chine en Afrique. Ces projets couvrent tous les domaines. De 1985 à la fin de 1990, il y a eu 905 techniciens africains formés par la Chine, venus de 46 pays. Ce pays contribue également à alimenter le fonds de développement des ressources humaines, elle alimente le fonds de formation technique. Elle accorde des prêts à des taux préférentiels, parfois sans intérêts. Le lendemain du premier forum sino-africain, elle a décidé d'annuler la dette accordée à plus de 31 pays africains pauvres et endettés. Dans deux ans, elle a annulé les prêts de plus de 10, 5 milliards de yuans. Mais si l'on étudie d'une manière isolée ces interventions, on va sans doute se faire une fausse idée des efforts conjugués par toute la communauté internationale en faveur de l'Afrique.

En réalité, l'aide de la Chine, bien que désintéressée, est de loin inférieure à l'aide que l'Afrique a reçue de ses bailleurs des fonds, tant sur le plan bilatéral que sur le plan multilatéral depuis le début des indépendances.[131] Son geste d'annuler ses prêts n'est pas non plus isolé. Il s'inscrit dans le cadre global d'annulation des dettes des pays pauvres, très endettés. L'opinion ignore que l'aide de la Chine ne peut pas se substituer à l'aide bilatérale et multilatérale accordée par d'autres bailleurs. En troisième lieu, l'aide, quel que soit sa forme ne se substitue pas à la politique du développement, propre à chaque pays. Par ailleurs, le fait de soumettre toute politique de développement aux aides extérieures est un handicap que les pays africains refusent de franchir d'une manière inconsciente. C'est un handicap qui rend dépendant éternel.

2.2.6. L'aide est liée aux contrats léonins

En Ethiopie, pays qui a bénéficié de l'aide militaire de la Chine, les entrepreneurs ont gagné plusieurs marchés publics : contrats de construction des autoroutes, des ponts, des stations électriques, des téléphones mobiles (les portables), des écoles et des produits pharmaceutiques, la prospection pétrolière, la construction d'une base militaire et la construction de l'Aéroport d'Addis-Abeba. Au Zimbabwe, la Chine y échange aussi armes contre les affaires. En Côte d'Ivoire, la Chine y confond aide et vente d'armes. La construction de la voie ferrée Tanzanie-Zambie avait pour but de faire la jonction entre l'océan et les mines de la Zambie. Au Congo, la Chine y échange aide contre le diamant, le bois, le coltan, le fer et le cuivre. Ce dernier cas a suscité les critiques tant au niveau interne qu'au niveau des partenaires occidentaux. Plusieurs experts, y

131 Deborah Brautigam, Chinese Development Aid in Africa, What, where, why, and how much?, www.american.edu

compris ceux du FMI et de la BM, ont noté que le contrat était léonin. Le troc ne permet d'évaluer exactement la valeur des produits miniers dont le consortium chinois va bénéficier. Un prêt de 3 milliards contre une concession minière d'une durée de 30 ans est une aliénation de l'économie.

2.2.7. Les investissements directs sont sélectifs.

En matière des investissements étrangers, trois remarques s'imposent. En général, l'Afrique noire est la moins nantie. Elle accueille plus ou moins 2% des investissements étrangers. Cette tendance qui date des années 90 ne s'améliore pas aujourd'hui. Le recul se réalise au profit de l'Asie du Sud Est. Les pays africains qui attirent encore quelques investisseurs étrangers sont ceux qui disposent de ressources pétrolières. En dehors de ces cas, seule l'Afrique du Sud reste le terrain de prédilection des investissements non miniers. Les Etats-Unis, la France et la Grande-Bretagne demeurent les premiers investisseurs. Le rapport du département du commerce indiquait à ce sujet que les investissements américains, en Afrique subsaharienne se sont montés à 700 millions de dollars en 2002, inversant la tendance à la sortie de capitaux qui a atteint un milliard de dollars en 2001. Comme ce fut le cas les années précédentes, c'est l'Afrique du Sud qui a bénéficié de presque tous ces investissements en 2002. Les investissements directs nets des Etats-Unis en Afrique se sont élevés à 861 millions de dollars en 2002, soit moins de 1 % du total des investissements directs américains à l'étranger. Ce sont le Nigeria et l'Afrique du Sud qui ont attiré le plus d'investissements américains, soit respectivement 992 millions de dollars et 112 millions de dollars. Ces investissements étrangers ont été tempérés par les sorties de capitaux d'autres pays africains qui ont totalisé 174 millions de dollars. Ces données de 2002 n'ont pas changé. Les partenaires essentiels restent les mêmes. Les secteurs prioritaires restent aussi les mêmes.

La Chine ne fait pas exception. Le volume de ses investissements directs, en Afrique, reste dans les mêmes proportions que celui des autres puissances industrielles. Le pétrole et les travaux publics sont les deux domaines prioritaires. Alors qu'en 2002, on compte plus ou moins 6 758 entreprises chinoises à l'étranger avec un investissement total de 13,2 milliards de dollars dont 8,9 milliards de dollars de capitaux chinois, l'Afrique n'a reçu durant 4 années que 1,2 milliard de dollars, soit 1% reparti dans 49 pays . Elle cherche à tripler ce score, mais pas dans n'importe quel secteur. En 2010, ses investissements directs à l'étranger (IDE) représentaient environ 3% des IDE totaux des IDE réalisés dans le reste du monde. Ils sont concentrés sur une poignée de pays : Afrique du Sud, Nigeria, Zambie, RDC et Angola. Les mines enregistrent 29% des investissements.

Figure 18. Composition du stock de sorties d'IDE chinois vers l'Afrique (2009)

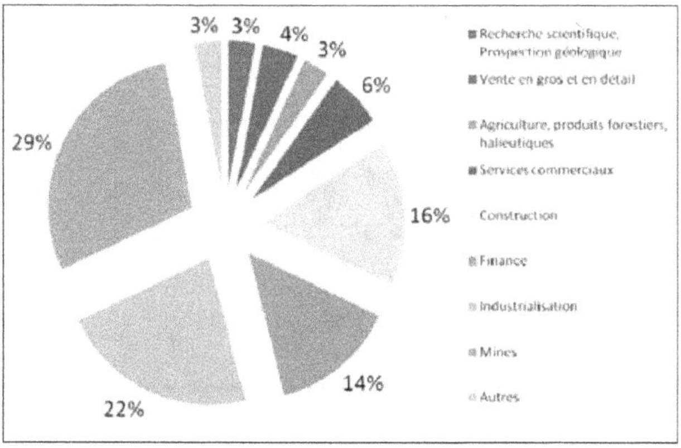

Source : Ministère du commerce de la RPC, Bureau national des statistiques de la RPC, Administration d'État du contrôle des changes, 2011

Les prêts bancaires ont été évalués entre 2001 et 2010, à 67,2 milliards de dollars contre 54,7 milliards – par la Banque mondiale. Les statistiques indiquent d'en 2005, l'Afrique a recueilli 108 milliards de dollars. Sur cette période, l'essentiel a été investi dans les transports (34,31 milliards de dollars), l'énergie, dont le pétrole, (31), l'immobilier (21,6) et les mines (16,3).Par rapport aux autres régions, l'Afrique n'a eu que 3% des investissements

Figure 19. Répartition géographique des IDE chinois

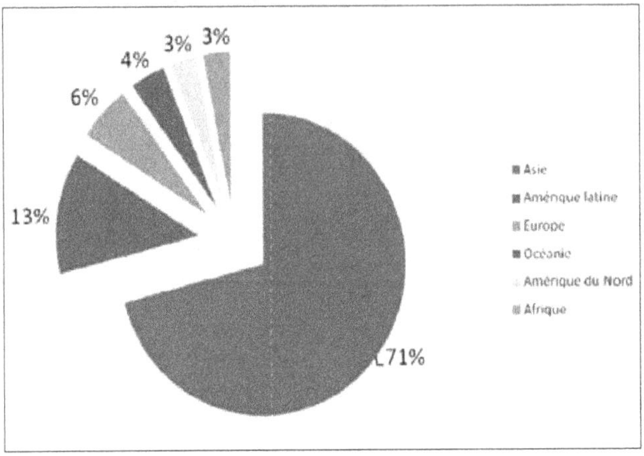

Source : Ministère du commerce de la RPC, Bureau national des statistiques de la RPC, Administration d'État du contrôle des changes, 2011

Elle n'investit pas pour les marchés internes africains où les niveaux de consommation sont nettement en dessous des attentes. Elle investit pour les besoins de son industrie propre.

En même temps, la Chine demeure le grand récepteur des capitaux étrangers reçus. En 2004, il est noté que les investissements directs étrangers reçus par la Chine ont augmenté de 60,63 milliards de dollars, soit 13 % de plus que l'année précédente. Le rapatriement de capitaux étrangers se chiffrait à 5,694 milliards de dollars et l'afflux net des investissements en Chine à 54,936 milliards de dollars. Ce chiffre a plus que doublé avec le temps en 2010.

Comme l'indique Sandra Poncet :[132] « L'essor des investissements directs étrangers (IDE) en Chine s'est accompagné d'une croissance économique rapide et d'une ouverture internationale accrue. En forte progression depuis 1993 (de 28 milliards de dollars en 1993 à 70 milliards en 2006), ils représentent 30 % du produit de l'économie privée chinoise. Ils sont investis majoritairement dans les industries manufacturières à destination des marchés intérieurs et, pour Hong-Kong, la Corée du Sud et Taiwan, des pays d'origine des capitaux. Sous l'impulsion notamment de la libéralisation du secteur des services en Chine dans le cadre de son adhésion à l'OMC, les IDE devraient désormais s'orienter vers les services. A travers la structure des IDE, les investisseurs étrangers influencent l'économie mais aussi ses impacts sur les transports intérieurs et internationaux ».

Section 3. Pourquoi l'Afrique n'est toujours pas bien repartie ?

Les analyses ci-dessous n'ont pas pour objet de jeter toutes les pierres à la Chine ni aux autres partenaires. Il faut aller au-delà et découvrir que le mal développement africain a pour origine : l'inconscience, la mauvaise gouvernance, la corruption, le gaspillage, le clientélisme, la théocratie, la dépendance, les traditions culturelles, le tribalisme.

Ces causes sont la source de blocage de l'esprit d'imagination, de l'intelligence pratique, de l'idée

[132] Notes de synthèse, In Les investissements directs en Chine, moteurs de croissance, Juillet 2008.

d'appropriation, de management créatif. La grande entreprise africaine est sa « politique politicienne » Or, les relations internationales répondent à une logique simple : profiter de l'ouverture (globalisation) et tirer avantages des échanges, des investissements et des mouvements des capitaux avec le reste du monde. Chaque pays adopte à ce sujet des politiques qui permettent de tirer profit dans le respect des règles convenues ensemble. Ce qui suppose que la dotation en facteurs : capitaux, technologie, savoir-faire, intelligence au service de la nation, emploi qualifié, industrie nationale, sont des atouts qui hissent chaque nation dans le jeu de la concurrence, des alliances et de la coopération mutuellement avantageuse. Or, comme nous allons le remarquer dessous, le continent africain fait encore du surplace. Elle est prise en charge depuis sa colonisation ; elle cherche à s'insérer dans les relations économiques, mais sans sortir de sa marginalisation.

3.1. La non-diversification industrielle

Plusieurs raisons sont évoquées pour expliquer les dérives socio-économiques de l'Afrique. Philippe HUGON se posait, il y a quelque temps la question de savoir pourquoi la stagnation des économies africaines ? Il a suggéré une réponse : une concomitance entre la marginalisation extérieure, le maintien de la structure sectorielle de la production et de la spécialisation internationale, la stagnation économique, la faiblesse des États au-delà d'un discours volontariste et la très faible intensité des relations régionales du moins officielles.

La stagnation économique (a) serait-elle liée à des "mauvaises" politiques économique et au rôle de l'Etat (b), a-t-elle conduit à une absence de diversification des économies (c) dont il est résulté une faible ouverture extérieure (d) et une faible intégration régionale (e) ? Ou bien, la "mauvaise" spécialisation issue de la colonisation, liée à l'érosion des préférences et au retrait européen et à une absence de maîtrise de l'ouverture extérieure a-t-elle conduit à une stagnation marginalisant et à une régionalisation avortée ?

Si l'on peut référer aussi au constat fait par l'Alain Dbresson, Jean-Yves Marchal et Jean-Pierre Raison, dans leur ouvrage de Géographie Universelle, on admet avec qu'eux que les États africains ont une économie en crise et désemparé.[133] Les services et les infrastructures sont dégradés, la fonction publique est mal payée et gangrenée par la corruption. Inégalité entre les régions, l'insécurité dans les villes, l'abandon des projets agricoles et industriels sont autant des maux. La seule solution trouvée est la privatisation à outrance ; mais les usines ne trouvent pas preneur. Une société de subsistance s'organise ou une contre-société de trafics qui enfante ses gagnants et ses perdants. L'Etat se prive ainsi de ressources fiscales et douanières. Les réponses de ces dérives sont dans toutes ces hypothèses.

Examinons quelques-unes en commençant par la plus importante et qui concerne presque toute l'Afrique noire.

---

[133] Philippe Hugon, Géopolitique de l'Afrique, Paris SEDES 2ème éd, 2009, Philippe Hugon, Pierre Salama, (eds) Les Suds dans la crise, Paris, A Colin, 2010

La tendance démontre que les pays africains, riches en ressources minières absorbent 90% des échanges et reçoivent également le gros des investissements directs. Ceci signifie que l'Afrique reste le pourvoyeur des ressources minières. C'est sa spécialisation internationale. Elle reste absente dans d'autres domaines. Son économie ne s'intègre pas dans la nouvelle économie du savoir. Elle est forcée, dans le contexte de globalisation, d'élargir le partenariat, en s'ouvrant au reste du monde industrialisé, mais il s'agit d'une diversification de directions, sans diversifier ni les flux des échanges, ni les produits finis. Cette pénurie est due en l'absence de maîtrise des techniques de production locale des produits finis. Elle est due aussi au fait que les politiques d'industrialisation actuelles ne diffèrent pas de celles d'il y a 20 ans. La stratégie de l'industrie industrialisant qui a échouée durant les années 70-80 restent toujours de mise.

Les raisons de ce choix sont liées à l'idée selon laquelle, le commerce extérieur génère les revenus. Etant donné que les besoins en ressources minières restent importants dans le monde, l'Afrique croit pouvoir tirer avantage de ses exportations des minerais. Mais ni les anciens partenaires, ni les nouveaux, personne n'a changé les règles qui président l'offre et la demande des ressources minières. Les prix restent fixés par l'extérieur. Les mécanismes de stabilisation des prix qui ont été mis en route n'ont pas donné des fruits. Ce qui suppose que l'ouverture des échanges vers les nouveaux partenaires s'inscrit dans la pérennité du principe ancien de division du travail. Les nouveaux partenaires n'apportent, non plus, des capitaux importants.

Au vu de la tendance des investissements directs étrangers, on peut noter que la part reçue par l'Afrique, jadis qu'elle soit multilatérale ou bilatérale, n'a été plus importante que celle qu'elle reçoit aujourd'hui. La fin des relations privilégiées fait perdre à certains pays, les avantages des accords spécifiques liés aux anciens liens coloniaux. La France par exemple se désengage. De même, la Belgique n'apporte plus un intérêt particulier au Congo Kinshasa. Or, les nouveaux partenaires ne comblent pas ce vide. Ils agissent dans le même sens que les partenaires traditionnels qui, du pacte colonial, ont conclu des accords de dépendance économique avec les anciennes colonies. Ainsi, on peut constater que les nouveaux partenaires pratiquent la même logique, ils ouvrent leurs marchés aux importations de l'Afrique, accroissent les déficits des balances commerciales des Africains et investissent dans des secteurs miniers, sans sentiment historique, ni idée de liens spécifiques avec tel ou tel autre partenaire. Quelques pays tentent de sortir de cette monoproduction. Il s'agit du Sénégal (exportation des légumes), de l'Ile Maurice (crevettes, fleurs, légumes) du Kenya, de l'Ethiopie et du Kenya. Comme on peut le constater, il s'agit de petits pays, sans ressources minières et qui tentent de gagner le pari, en misant sur des produits agricoles.

3.2. L'étroitesse des marchés intérieurs

Le fait que l'Afrique du Sud reste le partenaire essentiel de la zone Asie indique également que la Chine pratique l'adage de : « trade, note aid ». C'est-à-dire que la Chine s'intéresse aux marchés porteurs. Or, les statistiques de la Banque mondiale indiquent que le reste de l'Afrique subsaharienne s'enfonce dans sa descente en enfer. Bien que son produit national brut puisse, probablement, connaître une croissance au cours des années prochaines, le nombre des pauvres, va par contre, s'accroître. C'est-à-dire que le nombre des personnes, vivant avec moins de 1$ par jour ne chutera pas, bien au contraire, il passera de 313 millions en 2001 à plus de 340 millions en 2015.[134]Dans ces contextes, les pays asiatiques qui misent sur la croissance des exportations orientent leurs échanges, davantage, vers le triangle asiatique des « dragons », vers l'Union européenne, vers les pays émergents de l'Amérique latine et vers l'Amérique du Nord. Entre les deux géants de l'Asie, les échanges commerciaux (sino-japonais) sont de l'ordre des 178 milliards de dollars par année. Le continent noir représente moins de 2% du commerce total asiatique. L'Afrique au sud du Sahara reste aux yeux des Asiatiques, un monde « en devenir », composé des zones inutiles et des zones utiles. La libéralisation des échanges et le faible degré de pénétration des stratégies compétitives de l'Afrique annulent toute éventualité des conflits commerciaux entre les deux régions.

Les stratèges chinois et japonais n'ont pas une crainte. Ils ne conseillent nullement l'anticipation de conduite, destinée à se faire des espaces commerciaux exclusifs en Afrique noire. Ils savent qu'ils ne peuvent, non plus, combler les vides dus aux replis européens. Ils ne vont pas ériger en Afrique des usines gigantesques de production des minerais, à l'image des industries coloniales qui sont

[134] Nous sommes en 2016, les pauvres sont évalués à plus de 600 millions sur l'ensemble de la population africaine

en ruine. Leurs méthodes consistent à ériger de petites unités flexibles de production et à accorder la préférence à la nouvelle forme d'exploitation artisanale des minerais par des paysans qui creusent à la main et revendent les terres exportables directement vers les centres des trilles (Afrique du Sud, Chine, Corée). C'est le cas de ce qui se passe actuellement dans l'ex-province du Katanga (Congo Kinshasa).

3.3. La dépendance à l'aide appauvrissant

On ne saurait compter la somme des aides que les pays africains reçoivent depuis les décennies. Les statistiques réalisées par de nombreux auteurs dégagent une relation négative entre la valeur de l'aide internationale reçue par pays et le taux de croissance. Nous l'avons aussi testé et nos résultats corroborent ce constat. Dans les années 90, de tous les pays qui ont reçu de l'aide, on en compte autant qui ont connu une croissance négative que positive. De 1970 à 1999, 17 pays subsahariens ont reçu plus de 100 milliards d'assistance de la Banque Mondiale.

Et pourtant leur PNB/habitant y a diminué. En 50 ans, les Américains ont donné 500 milliards $ aux pays pauvres, sans qu'on observe de progrès du niveau de vie ; nombre de ces pays ont connu une baisse de leur revenu par habitant. De 1987 à 1998, l'incidence de la pauvreté s'est accrue en Afrique. La moitié de la population y gagne moins d'un dollar par jour ; le taux de mortalité infantile s'inscrit à un sur sept. En contrepartie, de 1980 à 1990, la Chine et l'Inde n'ont bénéficié que d'une infime portion d'aide internationale, 4% et 7% de leur PIB respectif. Ceci ne les a pas empêchés de jouir d'un taux de croissance fulgurant de leur économie. Cette analyse de Jean Luc Mugué mérite une particulière attention. Elle offre la preuve de la dérive de l'aide. Les leçons données aux Africains par les bailleurs des fonds constituent aujourd'hui une somme de cours que l'on enseigne, que l'on commente, sans toutefois toucher sur le bouton qui ouvre sur les causes réelles des échecs des politiques de l'aide. Les donneurs se donnent la conscience tranquille d'avoir tout fait pour tirer les pauvres vers le haut de l'échelle. Mais, les pauvres disent que l'aide est liée. Si nous revisitons les causes, nous pouvons en énumérer plusieurs. Les aides ont çà et là généré les revenus monétaires. Elles ont aussi ici et là soutenu la croissance. Mais celle-ci a été sporadique. L'épargne (s'il y en a eu) a été très mal mobilisée. Dans nombreux cas, elle a été réinvestie dans des secteurs non porteurs. Une grande partie a été affectée au service de la dette. Les chiffres qu'on ne peut plus nier aujourd'hui démontrent que certains pays ont été obligés d'affecter plus de 40% de dépenses annuelles au remboursement des prêts. Donc, les revenues des exportations des minerais ont servi, davantage, à entretenir les économies des donneurs de l'aide. Par ailleurs, la détérioration des termes de l'échange n'est plus à redire. Elle a affecté nombreux exportateurs des matières premières. Les revenus générés par le commerce ont été absorbés par les prix élevés des biens importés, par le remboursement de la dette, par les dépenses politiques de prestige, par les détournements et par la corruption.

CONCLUSION

L'EMERGENCE DE L'AFRIQUE : ENTRE REVE ET REALITE

L'aperçu de la situation que traverse l'économie africaine montre bien que l'émergence de ce continent n'est pas pour demain. Les dirigeants politiques la décrètent. Or elle se révèle surement. On sait que l'heure est à la programmation des dates dans le chef de nombreux dirigeants africains. Cependant, des disparités que nous venons de passer en revue autorisent de croire que quelques pays qui œuvrent dans le sens de réduction de déficit infrastructurel, diversifient leurs production, accroissent des échanges avec le reste du monde, réduisent leurs dépendances financières, multiplient des incitations publiques, encouragent l'entrepreneuriat, accroissent les tailles des marchés intérieurs, peuvent se classer dans la catégorie des pays en voie d'émergence. Bref, les pays qui consacrent leurs efforts à concilier intelligence économique et entrepreneuriat, sont ceux-là qui réussissent. Ce petit nombre est situé essentiellement au nord du Sahara, en Afrique australe et dans quelques pays anglophones.

Les pays dont la croissance est portée par la production minière (pétrole y compris) ont des économies extrêmement fragiles et exposées aux chocs externes. Leur croissance actuelle est trompeuse et mérite d'être examinée avec beaucoup de prudence. Elle est le fruit des sociétés multinationales qui exploitent les secteurs traditionnels. Elles (multinationales) n'innovent pas, ne transfèrent pas le savoir-faire, ne participent pas à la formation de vastes marchés intérieurs ; elles accumulent et effectuent les transferts des profits vers les pays d'origine ou des paradis fiscaux. La classe moyenne africaine participe peu ou presque pas à l'émergence. Elle est composée de milliers de citadins qui vivent de leurs offrandes, des émoluments, de l'économie souterraine ou de l'informel, de la prédation, de détournement, de petit commerce de pacotilles. Elle ne s'inscrit pas dans les rangs d'entrepreneurs et des consommateurs qui innovent, produisent et transforment. Il s'agit d'une classe relai entre les BRICS et le continent africain. Par cette voie, cette classe contribue à créer les richesses en Asie par son mode de consommation branchée. Les 80% des populations vivant en milieux ruraux, réduits l'attentisme imitent et tentent d'immigrer vers les centres urbains où elles viennent grossir les rangs des laissés pour compte.

Les Etats africains, en général, assistent impuissants et sont insérés dans ce paysage de leur périphérie. Ils s'inscrivent dans la logique de précarisation et se félicitent de notes accordées par les institutions de surveillance internationale chargées de la gouvernance des économies. Les critiques internes, les vrais regards contradictoires susceptibles de corriger les erreurs des politiques sur la mise en œuvre de décollage sont interdites. Les fractures énergétiques, financières, infrastructurelles sont monnaies courantes. On se contente de classement annoncé chaque année par les cabinets occidentaux : « l'Afrique connait une économie robuste ».

Oui, elle est robuste. Mais elle est boostée par la demande extérieure des matières premières. Elle est boostée par les permis de creuser les mines. Elle est boostée par les fausses statistiques de l'éclosion des bâtiments gigantesques en milieux urbains, mais des bâtiments qui cachent le blanchiment d'argent sale. L'épargne africaine n'explose pas. Les industries de transformation n'explosent pas.

Qu'est-ce qui se passe ? Les nuits obscures, l'intégrisme politique et religieux, les routes défoncées, les ponts cassés, les marchés inondés par les « made china », les bras tendus aux créanciers, les mains noires de la mendicité dans les quartiers bondés par les jeunes qui fuient les villages, la ruée vers les pays voisins, à la recherche de quoi mettre sous les dents, le paysage des anciens quartiers dits industriels où jonchent désormais les bidonvilles et les dépôts des immondices, les pickups fumés et polluants qui foncent leurs nez dans des rues bouées, pleines de flaques d'eau, les petits restaurants de fortune tout le long des rues (malewa)[135] fréquentés par « monsieur tout le monde » pour étancher sa faim, les réunions interminables des « Honorables et Excellences » sur les futilités politiques sans programme (la course au pouvoir pour le pouvoir), les veillés des prières dans des églises de réveille où l'on apprend à combattre des « fantômes et des sorciers » qui hantent les familles et les affaires mal en point, les terrasses en bois de récupération où s'abreuve l'alcool indigène frelatée, les regards macabres des enfants de la rue

[135] Mot lingala signifiant les petits repas à bon prix

aux torses nus et aux nez qui dégoulinent après une prise de la cocaïne.

Voilà l'actuel visage de l'Afrique profonde vacillant entre émergence et précarité ! L'Afrique qui applaudit à chaque passage de « Son excellence », et qui s'engloutit dans les chicaneries et les commérages pour tout et rien ! L'Afrique sonore où le train qui sifflait jadis a disparu en laissant la place aux quolibets et au folklore. L'Afrique où le sang coule sous les regards de ceux qui s'en servent pour accéder au rang de « braves généraux » de l'armée, sans aucune formation. L'Afrique de ceux qui creusent et creusent encore les ventres des termites pour extraire les pierres rares sous la barbe des « colonels » chargés d'en assurer le pillage ! L'Afrique des clans, des tribus, des ethnies qui se frottent, se haïssent, s'entredéchirent, se détruisent sur le partage des prébendes, et contemplent l'émergence de l'Asie, de loin !

C'est l'Afrique des diplômés, des ingénieurs, des médecins, des informaticiens qui sont assis sur les tabourets, vendant aux passants les cartes prépayées de téléphonies mobiles made Europe, tout le long des journées. C'est l'Afrique de « frères de », « femme de », « fils de » ! L'Afrique de « maman présidente » ; C'est cette Afrique hantée par le mauvais sort et qui s'en kyste dedans, tout en se félicitant d'être là où on la situe. C'est l'Afrique des marabouts, des Nganga, des sorciers et des prophètes qui chantent et chantent encore durant les périodes. C'est encore cette Afrique où la cueillette saisonnière prédomine pendant que les pays émergents produisent, transforment, entrent en compétition, inventent…

Les nouvelles relations grandissantes avec les pays émergents ne sont pas en fait nouvelles. Elles n'autorisent pas l'accroissement des économies interdépendantes et diversifiées. Elles sont marquées par les mêmes copies que les relations Nord-Sud. La Chine, le Brésil, l'Inde, la Russie, etc., n'inventent pas un nouveau capitalisme en Afrique. Ces Etats achètent les matières premières contre les produits finis. Même les contrats de troc contre l'argent concernent les matières premières.

Si la crise de la dette souveraine ne se limitait pas à la zone euro, et qu'elle devienne systémique, sa contagion allait également affecter l'Afrique dans son ensemble. En bref, le continent est à la fois inséré dans l'économie globalisée et fortement marginalisée par rapport à de l'évolution du temps. Son profil à multiple visage : mono production, petite diversification, attrait des investissements miniers, commerce extérieur déficitaire, etc., la rend vulnérable aux chocs exogènes. Les contagions agissent par plusieurs canaux de transmissions et s'infiltrent facilement dans tous les flux, à cause des risques considérables et permanents qui ne sont pas encore maîtrisés.

BIBLIOGRAPHIE

1. Alioune FALL, les défis énergétiques du nouveau siècle pour l'Afrique, in www1.Agora21.Org
2. Aristide Cyrille Dadie Université de Cocody Abidjan - DEA PTCI, Economie 2005
3. AUPELF-UREF. John Libhey Eurotext. Paris 1990
4. Axelle Kabou, l'Harmattan 1991,208 p.
5. Aymen Zituni, Efficacité énergétique : L'Afrique du nord fait mieux que le Moyen-Orient, in www.maghrebemergent.com,décembre 2013
6. B Ponson, L'Entrepreneuriat en Afrique francophone. ,Ed.
7. Bakary Traoré, Henri-Bernard Solignac-Lecomte, et Greg De Paepe, Quelles politiques de croissance pour l'Afrique, in www.Jeune Afrique.com, 2012
8. Christ Becker, L'Afrique se dirige vers une croissance en dents de scie, par manque d'épargne et d'une industrie forte, www.contrepoints.org, 2013
9. croissances, in www.Africadiligence.com, mai 2013
10. Giri, Jacque ; L'Afrique en panne : vingt-cinq ans de développement, 1986,
11. Gohou Danon, Crise de la dette : Une dévaluation du fanc CFA s'impose. in www.gohoudanon.com
12. Hicham El Moussaoui, Les africains ne serait-ils pas faits pour l'entrepreneuriat?, in www.huffpostmaghreb.com, janvier 2014
13. Jean Jacques Rosa, L'euro : comment s'en débarrasser, éd Grasset, 2011
14. Jean Nanga, Ce qu'il faut savoir sur l'Afrique et ses

15. Jean Pierre Favennec, l'énergie en Afrique à l'horizo 2050,
16. Jean-Louis Martin et Noussoeu Bih, La Chine et l'Afrique, partenaires et concurrent, in glabalix.fr, 201
17. Jean-Michel Severino et Olivier Ray, Le Temps de l'Afrique, Paris, Odile Jacob, 2010.
18. Lin Yue, observations sur le commerce sino-africain des marchandises, in Outre-Mer, 2011
19. Marcel Mbaloula, La problématique de l'émergence économique des pays en voie de développement, in revue congolaise de gestion, 2011/2 n°14
20. Michael Boskin, L'Europe et ses trois crises, www.project-syndicate.org, 2012
21. Noomen Lahimer, Investissements directs étrangers et investissements domestiques en Afrique Subsaharienne, Université Paris-Dauphine, 2005
22. Paul-Alexis Racine Jourdren, capital privé en Afrique, Juillet 2012
23. Pierre Jacquemot, L'Afrique subsaharienne dans la crise financière. Vulnérabilités, convoitises et résiliences, in www.iris-france.org, 2011
24. Pierre Olivier Rouaud, L'industrie africaine marginalisée, et demain ?-in www.usinenouvelle.com, Juillet 2011
25. Rapport de l'OCDE, 2007
26. Samir Amin, Qu'est-ce que l'émergence, in www.collectif-communiste.org, 2012
27. Sébastian SEIBT, La crise de la zone euro menace la reprise économique de l'Afrique, in www.France 24.com

28. Vitraulle Mboungou, Multinationales vs États : hold-up des compagnies en Afrique, in Afrique Expansion, février 2011
29. Xinhua, « L'Afrique centrale veut réduire son fossé énergétique », in journaldutachad.com, 16/12/2014

TABLE DES MATIERES

L'Afrique

aux éditions L'Harmattan

Dernières parutions

ETHNIES, NATIONS ET DÉVELOPPEMENT EN AFRIQUE : QUELLE GOUVERNANCE ?
Actes du colloque de Brazzaville (Congo), du 26 au 28 mai 2014
Sous la direction de Hugues Mouckaga, Scholastique Dianzinga, Jean-François Owaye
En 1962, quelques années seulement après que la parenthèse coloniale eut commencé à se fermer, un agronome français, René Dumont, osa ce pronostic : « l'Afrique noire est mal partie ». Que de protestations ! Pourtant, plus de 50 ans après les indépendances, le continent africain est à la peine et patine. L'explication : la mal gouvernance. Du fait de ses ethnies, l'Afrique fait face à un épouvantable écueil ! Elle n'arrive pas à se constituer en nations ! Il importait donc d'agir, de réfléchir autour de cette problématique.
(Coll. Études africaines, 55.00 euros, 704 p.)
ISBN : 978-2-343-05785-9, ISBN EBOOK : 978-2-336-37944-9

ÉLECTIONS, VOTE ET REPRÉSENTATION POLITIQUE DES AFRICAINS DE L'ÉTRANGER
Suivi du *Guide des opérations électorales en dehors des frontières nationales*
Wongo Ahanda Antoine
Quels sont aujourd'hui les types d'élections, les mécanismes et les procédures du vote à l'extérieur adoptés par les pays africains ? Dans cet ouvrage, qui fait la synthèse des connaissances et des pratiques du vote à l'extérieur et de la représentation politique des Africains de l'étranger, l'auteur entend apporter une contribution pédagogique au processus d'appropriation de la citoyenneté externe par les États africains. Un ouvrage qui intéressera les leaders africains, les migrants africains et tous ceux qui sont impliqués dans le processus de vote à distance à travers l'Afrique et les pays d'immigration.
(Coll. Études africaines, 21.00 euros, 202 p.)
ISBN : 978-2-343-02009-9, ISBN EBOOK : 978-2-336-38129-9

MANUELS SCOLAIRES, ENVIRONNEMENT INFORMATIF ET NUMÉRIQUE AU SERVICE DE LA LECTURE
Enjeux nouveaux pour une école émergente
Thioune Birahim - Préface de Michèle Verdelhan Bourgade
Aujourd'hui, l'environnement socioculturel s'est complexifié du fait de l'émergence de technologies nouvelles qui ont envahi l'univers des apprenants et qui se révèlent, dans les espaces d'éducation et de formation, à la fois comme

des promesses d'enrichissement et des menaces. Ce livre fixe quelques contours de l'utilisation des TIC (Technologies de l'Information et de la Communication) et des limites à observer dans leur application, sous peine de mettre en péril tout un patrimoine pédagogique.
(16.50 euros, 164 p.)
ISBN : 978-2-343-06236-5, ISBN EBOOK : 978-2-336-37731-5

L'ÉCOLE, GAGE DU DÉVELOPPEMENT DE L'AFRIQUE
Zénith Laurent - Préface de Mathias Eric Owona Nguini
Si plusieurs facteurs et secteurs sont à considérer pour sortir rapidement l'Afrique de son retard, le domaine scolaire revêt une importance capitale. Malheureusement, ce levier du développement qu'est l'école regorge de nombreuses tares dans la quasi-totalité des pays subsahariens. Un système académique bien pensé participerait fortement à l'essor de l'Afrique. À partir de propos, témoignages et de cas vécus, l'auteur met à nu tous les manquements qui handicapent l'émergence de ces pays.
(Harmattan Cameroun, 16.50 euros, 158 p.)
ISBN : 978-2-343-06203-7, ISBN EBOOK : 978-2-336-38133-6

LE CAMÉLÉON ET LA MORT EN AFRIQUE
Eschenlohr Nicole
La question de la mort hante nos esprits rationnels. Pour mieux maîtriser cette angoisse existentielle, les civilisations traditionnelles ont détourné le problème en attribuant une origine à cette mort : pourquoi et comment est-elle apparue ? En réponse à ses interrogations, la mythologie africaine, riche de liens tissés entre les hommes et les animaux, a désigné un responsable qu'elle a placé au cœur de ses récits et légendes : le caméléon. Accusé de lenteur, sa défense repose sur l'inéluctabilité de la mort...
(Coll. Ethnographiques, 14.00 euros, 132 p.,)
ISBN : 978-2-343-05818-4, ISBN EBOOK : 978-2-336-37485-7

APPROCHE CRITIQUE DU DÉVELOPPEMENT EN AFRIQUE SUBSAHARIENNE
Zagre Ambroise
Le sous-développement de l'Afrique subsaharienne constitue une préoccupation majeure pour les pays concernés, la communauté internationale, les milieux intellectuels et la société civile. Cet ouvrage interroge la notion de développement et envisage l'avenir de ce sous-continent vers un nouveau paradigme de développement : l'»auto-développement humain», capacité des sociétés à se développer en comptant d'abord sur leurs forces intérieures, leur capacité de création et leurs potentialités matérielles et spirituelles.
(Coll. Politique et dynamiques religieuses en Afrique, 27.00 euros, 260 p.,)
ISBN : 978-2-343-05939-6, ISBN EBOOK : 978-2-336-37427-7

LA PRÉCARITÉ QUOTIDIENNE EN AFRIQUE DE L'OUEST
Culture et développement
Ernoux Jules - Préface de Michaël Singleton
Cet ouvrage propose des tranches de vie prises sur le vif dans la population, plutôt urbaine, de Côte d'Ivoire, de Guinée et du Niger. À l'issue de 33 séjours

riches de rencontres collectives et individuelles, l'auteur s'interroge : comment vivre au jour le jour dans le manque permanent, seulement soucieux de manger à sa faim, de sauvegarder une santé précaire, de confier ses enfants à des écoles surpeuplées, de vivre dans l'insécurité d'un pays où l'État de droit n'est qu'une illusion ?
(Coll. Écrire l'Afrique, 15.50 euros, 154 p.)
ISBN : 978-2-343-05748-4, ISBN EBOOK : 978-2-336-37417 8

LE MARKETING DE RUE EN AFRIQUE
Mouandjo Lewis Pierre
Cet ouvrage, abondamment illustré d'exemples, se veut un outil pédagogique pour faciliter la compréhension de ce «Marketing de rue» tant développé par ses acteurs en Afrique. Son but est de mettre à la disposition des étudiants et responsables d'entreprises un manuel leur permettant de saisir les opportunités qui leur sont offertes par ce nouveau marché que représente la rue et où se déroulent des pratiques commerciales «agressives» et une concurrence farouche entre les entrepreneurs individuels, les grandes sociétés et les Petites et Moyennes Industries.
(Coll. Études africaines, 44.00 euros, 512 p., Illustré)
ISBN : 978-2-343-05770-5, ISBN EBOOK : 978-2-336-37547-2

L'AGENCE SPATIALE AFRICAINE
Vecteur de développement
Ouedraogo Sékou - Préface de Jean-Loup Chrétien
L'Algérie est en train de finaliser la conception de son premier satellite national ALSAT2B qui devrait être entièrement conçu par ses ingénieurs. Le Nigéria veut envoyer un astronaute dans l'espace avant la fin 2015. Qui peut le croire ? Et pourtant, l'Afrique possède des agences spatiales nationales crédibles et des organisations panafricaines qui travaillent sur le sujet. Pour utiliser efficacement ces applications spatiales au service du développement, l'auteur défend la création d'une Agence Spatiale Africaine.
(Coll. Diplomatie et stratégie, 18.50 euros, 188 p.)
ISBN : 978-2-343-05942-6, ISBN EBOOK : 978-2-336-37375-1

UN CHEF-D'ŒUVRE DES ARTS D'AFRIQUE
La plateau de Fa (golfe du Bénin), collection Christoph Weickmann Ulm, 1659
Biton Marlène-Michèle
Dans cet ouvrage, l'auteur a tenté de mener une enquête sur un plateau de divination provenant des côtes de Guinée, importé il y a 350 ans à destination du cabinet de curiosités d'un marchand d'Ulm, Christoph Weickmann. Il s'agit d'abord de replacer cet objet dans son contexte historique et culturel et de retrouver les conditions de son arrivée en Europe. L'auteur entreprend également une analyse plastique précise ouvrant des perspectives sur les modalités de représentations utilisées et l'accès à une mythologie foisonnante.
(Coll. Ethnoesthétique, 30.00 euros, 290 p.)
ISBN : 978-2-343-04282-4, ISBN EBOOK : 978-2-336-37491-8

DE LA CEAO À L'UEMOA
Ou la genèse d'une intégration sous-régionale réussie
Sawadogo Fatimata - Préface de Cheikhe Hadjibou Soumaré
Cet ouvrage est un solide argumentaire de la trajectoire de l'intégration ouest-africaine. Cette analyse historique sur les principales organisations qui ont précédé la CEAO (Communauté économique de l'Afrique de l'Ouest), se concentre sur les acquis et les insuccès de cette dernière. L'auteur analyse le passage de la CEAO à l'UEMOA (Union économique et monétaire ouest-africaine) pour mieux démontrer les grandes avancées sur le difficile chemin de l'intégration sous-régionale. Elle insiste sur le bilan positif de l'UEMOA eu égard aux nombreuses actions concrètes dans tous les secteurs de la vie socio-économique au profit des populations.
(15.50 euros, 152 p.,)
ISBN : 978-2-343-05985-3, ISBN EBOOK : 978-2-336-37437-6

CHEIKH HAMAHOULLAH – Homme de foi et résistant
L'Islam face à la colonisation française en Afrique de l'ouest
Traoré Alioune
Cheikh Hamahoullah fut l'un des principaux propagateurs du tijânisme en Afrique occidentale. Il mena un combat inlassable pour la liberté et la dignité des peuples d'Afrique pendant la période coloniale. En s'appuyant sur des documents d'archives, la tradition orale africaine et des manuscrits conservés par les fidèles et les adversaires du Cheikh, l'auteur rejette l'image d'un Hamahoullah agitateur sans culture et sans foi, que répandaient complaisamment les rapports des administrateurs coloniaux.
(34.00 euros, 404 p.)
ISBN : 978-2-343-04694-5, ISBN EBOOK : 978-2-336-37070-5

QUELLE AFRIQUE POUR LES JEUNES ?
Lettre ouverte
Barry David
Ce livre est une lettre ouverte d'un panafricaniste convaincu. Il s'adresse aux jeunes, car ce sont eux qui peuvent encore nourrir de grands rêves et qui ont encore la capacité de s'indigner. Le panafricanisme est pour l'auteur la seule voie royale qui permettra aux jeunes de retrouver une certaine cohérence, un sens et surtout de reprendre l'initiative. Cette lettre ne comporte pas de recettes mais propose une démarche en fournissant des repères.
(Harmattan Burkina Faso, Coll. L'Harmattan International Burkina Faso, 16.50 euros, 166 p.,)
ISBN : 978-2-343-06009-5, ISBN EBOOK : 978-2-336-37484-0

L'HARMATTAN ITALIA
Via Degli Artisti 15; 10124 Torino
harmattan.italia@gmail.com

L'HARMATTAN HONGRIE
Könyvesbolt ; Kossuth L. u. 14-16
1053 Budapest

L'HARMATTAN KINSHASA
185, avenue Nyangwe
Commune de Lingwala
Kinshasa, R.D. Congo
(00243) 998697603 ou (00243) 999229662

L'HARMATTAN CONGO
67, av. E. P. Lumumba
Bât. – Congo Pharmacie (Bib. Nat.)
BP2874 Brazzaville
harmattan.congo@yahoo.fr

L'HARMATTAN GUINÉE
Almamya Rue KA 028, en face
du restaurant Le Cèdre
OKB agency BP 3470 Conakry
(00224) 657 20 85 08 / 664 28 91 96
harmattanguinee@yahoo.fr

L'HARMATTAN MALI
Rue 73, Porte 536, Niamakoro,
Cité Unicef, Bamako
Tél. 00 (223) 20205724 / +(223) 76378082
poudiougopaul@yahoo.fr
pp.harmattan@gmail.com

L'HARMATTAN CAMEROUN
BP 11486
Face à la SNI, immeuble Don Bosco
Yaoundé
(00237) 99 76 61 66
harmattancam@yahoo.fr

L'HARMATTAN CÔTE D'IVOIRE
Résidence Karl / cité des arts
Abidjan-Cocody 03 BP 1588 Abidjan 03
(00225) 05 77 87 31
etien_nda@yahoo.fr

L'HARMATTAN BURKINA
Penou Achille Some
Ouagadougou
(+226) 70 26 88 27

L'HARMATTAN SÉNÉGAL
10 VDN en face Mermoz, après le pont de Fann
BP 45034 Dakar Fann
33 825 98 58 / 33 860 9858
senharmattan@gmail.com / senlibraire@gmail.com
www.harmattansenegal.com

L'HARMATTAN BÉNIN
ISOR-BENIN
01 BP 359 COTONOU-RP
Quartier Gbèdjromèdé,
Rue Agbélenco, Lot 1247 I
Tél : 00 229 21 32 53 79
christian_dablaka123@yahoo.fr

Achevé d'imprimer par Corlet Numérique - 14110 Condé-sur-Noireau
N° d'Imprimeur : 130940 - Dépôt légal : juillet 2016 - *Imprimé en France*

www.ingramcontent.com/pod-product-compliance
Lightning Source LLC
LaVergne TN
LVHW011021061026
849535LV00006B/1994